HISTOIRE ET TABLEAU

DE L'ÉGLISE St-JEAN-BAPTISTE

DE CHAUMONT.

HISTOIRE ET TABLEAU

DE

L'ÉGLISE St-JEAN-BAPTISTE

DE CHAUMONT.

Par M. GODARD, Prêtre, Professeur au Grand-Séminaire de Langres.

Église. — Sépulcre. — Chapitre. — Grand-Pardon.
Diablerie.

AVEC DESSINS.

CHAUMONT, chez Ch. Cavaniol, et tous les libraires.
LANGRES, chez Laurent et Sommier.
PARIS, { Didron, place Saint-André-des-Arts, 30 ;
{ Derache, rue du Bouloy, 7.

1848.

Si nous intitulons ce petit ouvrage : HISTOIRE ET TABLEAU DE L'ÉGLISE SAINT JEAN-BAPTISTE, ce n'est pas qu'il renferme le récit de grands événements ni la peinture d'un édifice hors ligne. Il faut bien convenir que le cadre en est plus modeste. Les souvenirs laissés par de pacifiques chanoines et quelques pieux fondateurs de chapelles et de confréries, les privilèges spirituels de l'église, voilà le fonds de l'histoire. Un édifice où le style ogival, à sa naissance et à son déclin, brille d'un certain lustre; un sépulcre, monument de la belle statuaire gothique; enfin l'appareil d'un drame religieux qui accompagnait la fête du patron lorsqu'elle arrivait le dimanche, voilà les parties principales du tableau.

Cependant, est-ce par ce que le cœur s'attache à l'église où l'on a reçu le baptême et prié enfant, aux vieux saints qui ont frappé notre imagination naïve; aux cloches dont la voix nous est connue et qui ont chanté les premières à nos oreilles, Saint-Jean-Baptiste est un sanctuaire qui me charme. Il n'a point l'immensité ni la magnificence des Notre-Dame si grandioses du Nord de la France; mais il en a le mystère et la piété. Même après avoir prié sur leurs dalles inondées par les reflets de riches verrières, on ne s'agenouille pas sans quelque bonheur dans les bancs de chêne et sous les sombres arceaux de Saint-Jean Baptiste.

Je dois avertir que ces pages sont moins d'un archéologue que d'un enfant du pays : on ne s'étonnera donc pas si des faits d'importance minime, si une pierre sculptée suffisent pour nous intéresser.

L'église de Chaumont méritait une monographie moins imparfaite que celle-ci. Néanmoins, la publication nous en paraît opportune. Plusieurs de nos compatriotes la réclament; le gouvernement jette enfin les yeux sur un édifice digne de sa protection efficace, et, l'année prochaine, échoit le Grand-Pardon-Général, circonstance qui attirera les regards sur l'ancienne collégiale où il fut établi.

Je me fais un devoir de remercier ici plusieurs personnes avec le secours desquelles j'ai recueilli les matériaux de cette notice. M. le maire de Chaumont m'a gracieusement ouvert les archives de la commune; M. Vallette, celles de la préfecture; M. l'abbé Odinot, vicaire, et M. Rausch, trésorier de Saint-Jean, m'ont confié des notes inédites. Que ces Messieurs veuillent bien agréer le témoignage de ma reconnaissance. Les documents qu'ils m'ont procurés, et les manuscrits de M. l'abbé Mathieu possédés par le séminaire de Langres, sont les sources principales où j'ai puisé les faits dont cet ouvrage est composé.

CHAPITRE PREMIER.

———

De l'Église et de la Cure avant l'érection du Chapitre, en 1474.

Chaumont n'est pas une ville ancienne ; le moyen-âge la vit naître et lui donna le nom de Montagne-Chauve : *Calvus mons.* Ce nom est peu flatteur ; mais pourquoi ses collines sablonneuses montrent-elles leurs flancs si nus ? Un gazon qui ne veut pas verdoyer, quelques arbustes rabougris, du buis, des genièvres, voilà ce qu'une sauvage nature, abandonnée à ellemême, y produisait comme à regret. Au couchant et

au nord , le torrent de la Suize déroule son lit caillou-
teux et désséché durant une partie de l'année ; au levant, la Marne engraisse de ses eaux troubles un vallon
étroit. Si l'industrie n'avait pas énergiquement combattu l'avarice du sol , Chaumont n'offrirait encore que
des sites âpres et pelés.

Au X{{e}} siècle, le noyau de cette ville se formait. Des
seigneurs puissants, auxquels plusieurs auteurs ne
dénient pas le titre de comtes, avaient posé leur château
comme une aire d'aigle, au sommet de la montagne
abrupte où s'élève aujourd'hui la tour de Haute-
Feuille. De ces primitives constructions, il ne reste rien,
si ce n'est peut-être quelques fondations enfouies. On a
découvert en effet des vestiges de murailles sur la pente
du coteau où brille, au milieu de la verdure, une petite
chapelle blanche.

Dans les temps féodaux , nous voyons une foule de
villes grandir autour des manoirs dont elles relèvent, ou
s'abriter à l'ombre des lieux de pélerinages et des monas-
tères. Quelques habitations se groupèrent donc à Chaumont sous les murs du castel seigneurial. Le nombre,
en s'augmentant peu à peu , composa une bourgade
dont la situation avantageuse excitait, vers la fin du
XII{{e}} siècle , la convoitise des comtes de Champagne.

Il n'existe aucune donnée positive sur l'état religieux
du pays avant cette époque ; mais on doit penser que
la chapelle du château fut ouverte aux habitants et leur
servit d'église jusqu'à la construction de celle qui est

encore debout, du moins en partie. En vain on cher-
cherait le nom des chapelains, ils n'ont pas laissé de
souvenirs. Seulement, ce que nous savons de la famille
qu'ils dirigèrent, permet de concevoir une bonne idée
de leurs vertus. Ce fut sans doute grâce à leur zèle,
que les premiers seigneurs de Chaumont témoignèrent
tant de fois le détachement des biens de la terre et un
vif amour pour l'Eglise, par des donations considérables et des legs pieux.

Les comtes de Champagne avaient acquis, dès 1190,
certains droits sur la châtellenie de Chaumont, puisque
Henri II octroya aux habitants la coutume de la petite
ville de Lorris, au comté de Blois (1). Il paraît que
Milon, chevalier banneret, l'un de nos illustres seigneurs, avait engagé ses biens afin de pourvoir aux
frais d'un pélerinage en Terre-Sainte. Il rencontra la
mort dans la traversée, en 1202.

Chaumont entièrement tombé entre les mains des
comtes de Champagne au commencement du XIIIe siècle, prenait une telle importance, qu'une chapelle ne

---

(1) Cette charte d'affranchissement, donnée à Troyes, commence
par ces mots : Ego H. comes palatinus, notum facio præsentibus
et futuris quod omnibus manentibus et mansuris in Parrochia Calvomontis concessi Lorriaci consuetudines quæ tales sunt. — Elle
a été confirmée, en 1228, par Thibault IV ; par Thibault V, en
1259, et en 1292, par Philippe-le-Bel. Ces pièces sont aux archives
de la municipalité.

suffisait plus aux besoins de la population. La ville,
centre d'un bailliage très-étendu, réclamait une église
spacieuse que l'on ne tarda pas à bâtir. Elle éprouva,
durant le laps des siècles, le sort réservé à la plupart des
édifices religieux placé dans les mêmes conditions. Il y
a urgence d'agrandir les nefs quand les paroisses se
développent. Il faut pour cela tronquer, démolir ; mais,
s'il est vrai que les besoins moraux passent avant tous
autres, l'archéologie ne doit jeter aucun blâme sur ces
actes pris en eux-mêmes. La nécessité fait loi.

La nouvelle église fut placée sous la protection de
Saint-Jean-Baptiste ; elle n'a jamais changé de vocable.
Les clochers, le portail, toute la façade occidentale ;
les trois nefs jusqu'au transept, à l'exception des chapelles qui ont été ajoutées, appartiennent à la construction primitive. Elle se relie visiblement avec l'œuvre
du XVIᵉ siècle, dont le caractère disparate se révèlerait
aux yeux les moins exercés, quand ils n'apercevraient
pas, au dehors, l'effet désagréable des lignes rompues ;
à l'intérieur, la différence des aplombs et les corniches
qui se projettent, s'enchevêtrent et s'arrêtent brusque-
ment dans le mur de la grande nef, vers les piliers du
chœur. La chapelle Saint-Pierre (1), est la seule qui

---

(1) L'ichnographie placée au dernier chapitre doit aider le lecteur lorsqu'il rencontre une indication de ce genre. Je le dis une
fois pour toutes.

Echelle de 0,0025 pour 1 mètre.
Hector Gaiet.
Lith. Cavaniol, Chaumont
Pointurier, Lith.

fasse corps, dès l'origine, avec les bas-côtés. La belle simplicité de sa légère fenêtre dont les meneaux dessinent deux lancettes géminées, couronnées d'une rose; la forme et l'élévation de sa voûte, les modillons extérieurs, la teinte brune et foncée que le temps seul répand sur la pierre, la distinguent de ses voisines où le style ogival flamboie.

Quelle que soit ma prédilection pour Saint-Jean-Baptiste, je ne le rangerai pas au nombre des monuments qui font le plus d'honneur au bon siècle de l'art gothique. Il faudrait pour cela s'aveugler. Mais il est un monument précieux, parce que les échantillons plus complets de ce genre d'architecture sont rares dans la zône langroise. Il est essentiel d'observer que le XIIIe siècle, chez nous, n'échappe guère à l'influence bourguignonne et romano-byzantine. Nous passons d'un saut, pour ainsi dire, de la période romane à la fin du règne de l'ogive. Lors donc que nous saisissons une trace profonde de la marche septentrionale de l'art, sachons l'apprécier à ce point de vue.

La façade, au couchant, présente deux tours dont les flèches s'élancent à une hauteur d'environ 45 mètres au-dessus du sol. Ces tours ont deux étages, séparés par des corniches dont les modillons sont taillés en bout de solive et coupés en écu, formes communes dans les églises du pays. Les fenêtres, dont plusieurs ne gardent plus que des meneaux brisés, ressentent le goût pur du style ogival primaire. Deux lancettes, ornées de triboles, y portent un quatre-feuilles dans un cercle, et se réunissent au milieu de la baie sur une colonne légère. Un support semblable reçoit de chaque côté la retombée d'un tore en archivolte. On monte au clocher par une tourelle accolée au midi. Quatre solides contreforts, divisés par étages à larmiers en talus, et dont la saillie diminue à mesure qu'ils s'éloignent de la base, assurent à cette partie de l'édifice une longue durée. La porte est un type de construction robuste et sévère. Amortie en un cintre au sommet duquel se révèle une faible pointe d'ogive, elle se compose de tores en retraite l'un sous l'autre et qui descendent sur huit colonnettes latérales, engagées et annelées vers le milieu de la hauteur. Les tailloirs sont hexagones ou carrés. Un petit homme nu, des têtes grimaçantes, de gros fleurons s'y placent à la naissance des arcs. Enfin les chapiteaux sont garnis, soit de simples crochets, soit de feuillages naturels.

C'est une idée généralement accréditée dans la ville que la partie inférieure du portail est plus ancienne que le reste de la façade. On se trompe; car, outre qu'il ne paraît aucun indice de travail interrompu, on s'expliquerait aisément le reflet mourant de l'époque romane sur un ouvrage du XIIIe siècle, dans une contrée où les traditions méridionales ne s'effacèrent que lentement. Le vulgaire regarde avec indifférence la partie du monument que je viens de décrire. Pour lui, cette masse n'est pas comparable à l'architecture fleurie et maniérée qui s'étale à côté. Il est bien vrai cependant que la beauté réelle n'existe pas à si haut degré dans cet art, où l'ornementation éblouit et le fond disparaît. Si l'on n'avait pas bariolé de ciment rouge la façade de Saint-Jean et muré des fenêtres au clocher ; si celles qui se trouvent à l'endroit où la rosace s'épanouira plus tard n'étaient point masquées par la tribune de l'orgue ; si toutes ces baies étaient pourvues de leurs meneaux, et l'auvent barbare, qui couvre et dégrade le seuil, supprimé, on jugerait différemment, et l'on croirait avec nous que cet ouvrage l'emporte sur le gothique de la décadence.

Mais entrons dans l'église.

Les maisons qui l'environnent contribuent à n'y laisser parvenir qu'un jour vague. Du reste, le style selon lequel elle est construite, lui donnerait suffisamment cette atmosphère recueillie, ces jeux d'une lumière douce au milieu de l'ombre, qui invitent à la prière et à la méditation, On prie bien ici : et je pense faire en ces quatre mots l'éloge d'une église. La nef austère, aux grêles colonnettes engagées dans le pilier, aux arcades aigues et hardiment profilées, sous lesquelles l'œil pénètre dans les bas-côtés de même caractère, perd singulièrement de sa beauté à cause des bancs massifs, du banc-d'œuvre et de la chaire à prêcher qui s'y entassent. Sept fenêtres ogivales, simples lancettes sans meneaux, ont été percées au-dessus de baies plus anciennes. Deux arceaux en diagonales, recroisés d'une nervure en arc doubleau, divisent la voûte de chaque travée en six compartiments. Les clefs sont en général bien sculptées et manifestent, comme les corbeilles des chapiteaux, dont les feuillages et les moulures se partagent la décoration, le temps où la flore indigène envahit les monuments religieux. Le badigeon ne laisse guère distinguer les espèces : le lierre et le chêne paraissent y figurer. Un cordon dissimule le retrait des murailles. La chapelle Saint-Roch est le meilleur point d'où l'on puisse saisir l'ensemble des nefs. Sans vouloir comparer Saint-Jean-Baptiste à la magnifique cathédrale de Noyon, nous remarquerons une grande similitude entre la partie inférieure de la grande nef dans les deux églises. La disposition de la travée, l'alternative des piliers d'inégale grosseur y sont les mêmes.

La date précise de cette construction en style ogival primaire n'a été transmise en aucun titre qui soit venu à notre connaissance ; mais nous avons recueilli des notes historiques attachées naturellement à cette partie de l'édifice, puisqu'elles concernent des faits antérieurs aux changements qu'il a dû subir.

Dès l'année 1212 une cure existait à Chaumont, sous la juridiction et le patronage de l'évêque de Langres. La collation en fut donnée à Guillaume II de Joinville, par Girard, abbé de Molême ; elle appartenait à ce monastère, parce qu'il possédait le prieuré de Buxereuilles, fondé par Hugues de Chaumont au siècle précédent. Une transaction fut passée entre le curé, nommé Renaud, et le prieur, qui se réserva une part des oblations.

Les curés de Chaumont sont qualifiés doyens dès l'origine. Plusieurs furent revêtus à la fois de la dignité d'archidiacre de N...., de doyen de la chrétienté et curé de Chaumont.

Pierre de Flavigny succéda immédiatement ou d'assez près à Renaud. Nicolas de Flavigny, chanoine de Langres, qui monta sur le siége de Besançon, lui était parent (1). Nous avons de Pierre de Flavigny une pièce datée de 1231, par laquelle il déclare que, lui témoin, un certain Josbert acquitta envers les moines de Clairvaux, les dixmes qu'il leur devait à Bologne-sur-Marne. Le sceau ovale représente un oiseau dressé sur de longues pattes, les ailes déployées ; de chaque côté, une tête avec des fleurs-de-lys, et autour, † *S. Petri Decani de Calvomonte*. Onze ans plus tard, Pierre de Flavigny occupait encore la cure de Chaumont. On le

---

(1) Eo vigente (Hugues de Montréal) floruit de more viris illustribus lingonensis ecclesia, ex quibus Nicolaus Flaviniacensis, assumptus ad Bisuntinensem archiepiscopatum, anno 1229. Cujus frater, nepos aut consobrinus Petrus de Flaviniaco, archidiaconus et decanus calvomontanus.

Chronicon Lingonense. Langres, 1665, p. 128.

voit dans un titre où il atteste qu'Arnoulph, prévôt, et dame Flora, veuve de Vuillelm, décédé Bailly, ont reconnu la donation faite au Val-des-Ecoliers, par ce dernier à son lit de mort et pour le remède de son âme, d'un pré situé sur le bord de la Marne, finage de Chamarandes.

Vers 1250, le doyenné passa aux mains d'un second Renaud ou Renauz. A partir de 1254, il prend le titre de doyen de Chaumont et de curé de Château-villain.

Nicolas Morel, qui lui succéda en 1256, ne disparaît guère que vingt ans après. Il scella quantité de donations que je ne rapporte point dans la crainte de fatiguer le lecteur. Je me bornerai à mentionner une transaction faite à l'amiable *(amicabiliter composuerunt)*, entre maître Morel *(magister Morellus Rector ecclesiæ de Calvomonte)* et les religieux du Val-des-Ecoliers, au mois de janvier 1260. Le curé défendait les droits de son Eglise sur les terres que les habitants de Chaumont possédaient dans les finages voisins. C'est la coutume des Eglises environnantes, dit-il, qu'un curé perçoive la moitié des dixmes sur les terres de ses paroissiens, lorsque celles-ci se trouvent enclavées dans les terri-toires contigus. Je réclame donc pour mon église, ce qui lui appartient à Choignes, Chamarandes et Villiers-le-Sec *(Villario-Sicco)*. Guy de Rochefort, évêque de Langres, confirma l'arrangement. L'abbesse du Val-des-Vignes *(abbatissam et conventum de Vineis juxta*

Barrum super Albam) était impliquée dans cette affaire qui ne se termina pas, pour son monastère, **avant** l'année 1267 (1).

Guy de Genève étant mort en 1290 ou 91, deux chanoines de Langres, gardiens de l'évêché, *sede vacante*, donnèrent, l'année suivante, aux religieux du Val-des-Ecoliers, la permission de jouir, comme bon leur semblerait, des bois du Vieux-Val qu'ils ne pouvaient ni couper, ni vendre aux temps de vacance du siége épiscopal. Cette autorisation leur est accordée, nonobstant les difficultés opposées par Jean, doyen de Chaumont (2).

Ces mêmes religieux étaient en désaccord avec le curé de Neuilly-sur-Suize, en 1297. L'évêque Jean de Rochefort commit le curé de Chaumont et Symon, curé et chanoine de Châteauvillain, pour faire une enquête et juger le différent. Ceux-ci firent leur rapport, après avoir entendu les notables du village ; le partage des dixmes demeura fixé dès-lors entre les deux parties, jusqu'en 1467, époque à laquelle une bulle du pape Paul II incorpora la cure de Neuilly au prieuré du Val (3).

---

(1) Voyez aux notes, n° 3.

(2) Per ea quæ contra ipsos opposita fuerunt occasione dicti nemoris per Dominum Johannem Decanum Calvomontis.

(3) Reverendo patri in Christo ac Domino Domino Johanni miseratione divina Lingonensi episcopo. Johannes Decanus Christianitatis calvomontis, et Symon Curatus et Canonicus de Castro-

En 1302 , Simon de Chaumont possédait la cure de cette ville. Animé d'un saint zèle pour le culte de la Vierge , il établit une confrérie en l'honneur du glorieux mystère de la Conception. (1) Je présume qu'il ne vécut pas longtemps en charge ; car, l'année suivante , un testament, qui nous est connu par un *vidimus* de l'official de Langres , porte le sceau de Hugues *Decani Christianitatis Calvomontis* et celui du prévôt Jehan de Luzy dit Grant.

Le curé de Chaumont eut long-temps de simples vicaires pour l'aider dans l'administration de sa paroisse. Les libéralités des fidèles convertirent les vicaires en chapelains , dont les bénéfices s'enrichirent à partir du XIVe siècle et s'accrurent en nombre. C'est en 1451 , comme nous allons le voir , qu'un accord entre la ville et l'Eglise fixa ce nombre à douze.

Entre les successeurs de Hugues , furent Etienne , qui vivait encore en 1332 et Guillaume Faras , sous lequel un Chaumontais , Huon dit Lebrun , fonda par

---

villano debitam reverentiam cum honore paternitati vestræ sanctæ, tenore præsentium intimamus, quod cum de mandato vestro speciali, per vestras patentes litteras, nobis mandavissetis quod nos personaliter accederemus apud Nulleyum super Suyzam, ad inquirendum supra quadam discordia quæ vertebatur inter priorem et fratres Vallis Scoliarum ex una parte, et curatum dictæ villæ...

(1) Ce fait est remarquable en ce que la fête de la Conception immaculée ne fut instituée qu'au XVe siècle en Occident, les uns disent par le concile de Bâle ; les autres par Sixte IV. Elle est plus ancienne en Orient, et dans quelques églises latines.

testament, en 1355, une chapelle à Saint-Jean en l'honneur de la B. Vierge Marie. Il choisit pour chapelain un compatriote, discrète personne Thierry Normandi, et pour exécuteurs testamentaires le curé de Chaumont et Jacques, curé de Neuilly. On vendit certaines propriétés du défunt pour *des florins de Florence, de bon or et de juste poids*, et Thierry Normandi jura de bonne foi *sa parole de prêtre, en touchant les très-saints évangiles de Dieu*, qu'il observerait les conditions stipulées au marché. Etaient présents parmi les témoins : Jacques Proni de Chaumont, maître de la Maison-Dieu et Sampson, prêtre de ladite ville (1).

Jean Henry de Châteauvillain, un second Nicolas Morel, Pierre Pavillon, chanoine de Langres, Guillaume Coiteuset, Jean Casset de Voconcourt occupent successivement la cure de Saint-Jean-Baptiste. Ce fut

---

(1) Nous ne disons rien de Guillaume de Chaumont, qui fut official à Langres, sous Guy Baudet, et archidiacre du Lassois. Nous ignorons s'il remplit à Chaumont quelque charge ecclésiastique.

Il existait un hôpital à Chaumont dès le commencement du XIIIe siècle ; en 1235, une charte de Thibaut, comte de Champagne et de Brie, roi de Navarre, affranchit du droit d'amortissement *la Maison-Dieu, bâtie sur le chemin de Langres, pour les pauvres et les voyageurs.* — Sur la porte de l'hôpital qui existait rue Saint-Michel, on lisait : *Maître Guillaume de Chaumont, chantre et chanoine de Chaalons, fit faire l'Hostel-Dieu de céans, qui trespassa au mois de novembre 1304.* — L'hospice actuel, situé au faubourg Notre-Dame a été terminé en 1765 ; son architecture simple n'est pas sans mérite.

le chanoine de Langres , Jean Robert , pourvu en cour
de Rome de la cure et du doyenné , qui régla avec la
ville les dernières transactions passées antérieurement
à l'érection du chapitre. La principale est de 1451. Sa
longueur ne nous permet pas de la publier tout entière.
En voici la substance :

« En présence de noble seigneur messire Robert ,
seigneur de Baudricourt , chevalier , conseiller , chambellan du Roy nostre sire et son bailly de Chaumont ;
les bourgeois , manans et habitans de la ville d'une
part , et d'autre part , vénérables personnes messire
Symon Crolebois, Girard Carrouge, prestres natifs dudit
Chaumont , et vénérable personne messire Jehan Robert doyen et curé de l'Eglise parrochiale Sainct Jehan
Baptiste , messires Guichard Patelle , Jehan Michelin ,
Nicolas Moron , Nicolas Laurent , Viard Bertrand , Symon Moron, Jehan Degrand et Yves Perreau , prestres
et chapellains en la dite Eglise, pour éviter discorde et
procès, ont traité et accordé soubs le bon plaisir du roy
nostre sire et de sa cour de parlement, et aussy du révérend père en Dieu monseigneur l'Évesque et duc de
Langres, pair de France, en la manière qui sensuit : »

« Et 1° que doresnavant perpétuellement et tousiours pour faire dire, chanter, célébrer, et continuer
le divin service, anniversaires et autres services fon-
dez en la dite église parrochiale en icelle aura et seront
avec ledit curé, treize prestres continuellement residens
en la dite ville et église; lesquels curé et chapelains
par les conditions cy-après déclarées et accomplies seront

chargez et tenus de faire dire et chanter en ladite église
toutes les Heures canoniales, cest à scavoir matines,
primes, tierces, sextes, nonnes, vespres et complies
par chacun jour à heures compétentes et a son de cloche ; et seront tenus de tous estre en leur personne par
spécial aux heures principalles, c'est à scavoir à matines, la messe parrochiale laquelle ledit curé doibt, a vespres et autres moyennes heures, sur les peines et par
la manière contenues aux ordonnances que sur ce fera
ledit curé et qui se jugeront pour les mieux entretenir. »

Item, ils seront pareillement tenus de célébrer tous
les aniversaires, messes et services fondés, lesquels
seront annoncés et déclarés aux prosnes.

» Item, pour eulx mieux acquitter envers tous trespassez et bienfaicteur d'icelle église, iceux curez et
prestres semblablement par chacun dimanche, devant
vespres chantées, diront vigiles des morts ; et le lundy
suivant celebreront la messe aulte a diacre et sous-
diacre solennellement en commemoration de tous iceulx
trespassez ; et apres icelle messe, iceulx curé ou son
vicaire et lesdits treize prestres iront en procession
devant le crucifix du drap noir, qui illec sera mis devant
icelle vigiles et a messe ; et a chacun bout d'icelluy
drap, y aura un cierge ardent aux despens de la fabrique d'icelle église ; et ilec feront recommandation générale pour les ames d'iceulx trespassez ; et seront icelles
vigiles et messes sonnées en signe de perpétuelle
memoire. »

Item. Les revenus seront distribués par égale portion entre les chapelains. Le curé prend deux parts, ou la part de deux chapelains.

« Item, pour ce que ledit nombre de treize prestres n'était pas complet, lesdites parties ont voulu que de cinq prestres défaillans dudit nombre, ledit curé en nommera trois et les habitants deux. Et de fait ledit curé au nom de ladite Eglise a nommé messire Guillaume Vauedre, Jehan Brouot et Jehan de Betancourt prestres, et lesdits bourgeois et habitans messire Girard Carrouge et Symon Crolebois, tous natifs de ladite ville. »

On convient ensuite qu'on choisira de préférence parmi les prêtres chaumontais, lorsqu'il faudra nommer aux bénéfices vacants. Mais il faut avant tout, que les sujets soient *idoines* et *suffisans*. Il est statué que les électeurs « feront serment sur les saints évangiles de Dieu de faire le plus justement qu'ils pourront icelle nomination sans avoir égard à parenté, richesses, lignage, dons, promesses et autre affections quelconques. » Il y a six électeurs. Le curé en fait partie de droit, et il s'adjoint de concert avec ses chapelains, deux prêtres choisis dans leur chapitre. La ville de son côté, se réunit à l'église et nomme trois électeurs laïques. On ne sort pas de l'église que l'élection ne soit faite.

L'élu au bénéfice jure de se soumettre aux présents décrets. Il ne s'absentera pas sans y être autorisé et il ne percevra pas les fruits de sa charge durant son absence. Si elle se prolonge au delà de trois mois, un successeur sera nommé.

Plusieurs dons et fondations sont notifiées qui mettront le clergé de la paroisse à même de remplir les obligations contractées par le fait. Les habitants considérant qu'elles sont lourdes, cèdent à partir de ce moment et pour toujours, au curé et à ses chapelains, la Maladière avec ses dépendances et appartenances. Ceux-ci « seront tenus de maintenir les maisons et appendances d'icelle Maladière en estat convenable, afin que si aulcun desdits habitants fussent malades de lèpre ils puissent demeurer et vivre en icelle aux frais d'icelle ; et donner a disner une fois l'an aux bouchers de ladite ville en faveur de deux bœufs et certains autres droits plus a plain declarés en lettres sur ce qu'ils doibvent a ladite Maladière. » (1)

Telle est la transaction de 1451. Nous n'avons pas craint de nous y arrêter, car elle nous paraît instructive. Sans compter que les mœurs du temps y sont peintes, en général bien différentes des mœurs d'aujourd'hui, on y remarque avec intérêt la part prise aux élections ecclésiastiques par le peuple. D'ailleurs, cet acte, s'il fut modifié plus tard du consentement des parties, ne fut point aboli par l'établissement du Chapitre de chanoines.

---

(1) C'est la première fois qu'il est question de cette maladrerie ; elle touchait au pont sur Marne, qui en a gardé le nom. La chapelle était dédiée à Notre-Dame-de-Bonne-Nouvelle. Le chapitre la desservit jusqu'en 1674, temps où elle fut donnée à l'ordre hospitalier de Notre-Dame-du-Mont-Carmel et de Saint-Lazare. Réunie à l'hôpital en 1695, elle a été détruite en 1787.

L'ancienne cure s'éteignit en 1475, dans la personne d'Etienne de Clamenges, premier doyen de la collégiale. Simon de Brouille se place dans la série des curés entre Etienne et Jean-Robert.

Avant de clore ce chapitre je dois révéler l'existence d'un monument souterrain qui peut avoir des rapports avec l'église Saint-Jean à son origine. Cette espèce de crypte mérite attention non seulement par la beauté de l'ouvrage, mais à cause du mystère profond qui l'entoure, et encore, parce que les archéologes en découvrent actuellement de semblables sur plusieurs points de la France.

Cette crypte s'étend sous la maison n° 24 de la rue Saint-Jean, et elle embrasse six travées en deux nefs, dont les voûtes qui forment toute la hauteur de la cave, n'ont pas moins de 8 pieds en profondeur. Les nervures qui les portent sont simples, mais larges et taillées à cinq faces. Elles descendent, comme les arcs doubleaux dont la courbure produit l'ogive aigüe, sur des chapiteaux à tailloirs carrés ou à huit pans. Ils sont décorés de feuillages et surmontent de grosse colonnes isolées, qui arrivent à fleur de terre. Les fouilles que l'on a exécutées annoncent que leur fût, enseveli dans les déblais d'une démolition, doit avoir 8 ou 10 pieds de haut. On a promis de dénuder jusqu'au sol primitif.

Personne ne croit qu'un monument d'une telle étendue et travaillé avec soin ait été destiné à servir de cave. On n'imagine pas d'hypothèse vraisemblable sur l'intention qui le fit élever. Situé au nord-est et à 50 pas de distance de l'église paroissiale, bâti à peu près à la même époque, il n'a pas servi de crypte à un édifice qui aurait disparu (1) ; dire qu'il procura, lors de la construction de Saint-Jean, une chapelle provisoire, c'est avancer une assertion purement gratuite ; et d'ailleurs cela n'explique point pourquoi il est bâti sous terre. Enfin on n'eût pas donné une solidité pareille à un édifice d'un usage momentané. Je laisse donc à de plus habiles, le soin de résoudre l'énigme (2).

---

(1) L'ancienne chapelle du château a été détruite ; mais on sait qu'elle était contre l'enceinte actuelle des prisons où une salle en tient lieu.

(2) Que l'on veuille bien rapprocher de cette description celle des caves d'Orléans et de Lizieux. (Bulletin monumental, 13 vol., n° 6, page 486.) A Orléans, ces caves très-profondes et très-curieuses sont placées au troisième étage, en contre-bas des maisons. Elles présentent, outre l'ouverture de l'escalier, un grand soupirail probablement établi postérieurement à leur construction première. Leurs voûtes sont garnies tantôt d'arcs-doubleaux, tantôt d'arcs de cloître dont les cordons seraient carrés si leurs arêtes antérieures n'étaient abattues. Ces souterrains forment de longues galeries, souvent séparées par des cloisons aux limites de chaque maison actuelle. — A Lisieux, on connaît trois caves moins profondes, mais dont les voûtes à nervures, les chapiteaux du XIIIe ou XIVe siècle et l'apparence monumentale ont produit diverses hypothèses. Les personnes peu versées dans l'archéologie, frappées par l'analogie de ces souterrains avec des églises basses, supposent, à tort sans doute, que ces caves ont servi au culte pendant qu'on travaillait à la cathédrale de Lisieux, aux environs de laquelle elles sont placées.

CHAPITRE II.

Fondation et description du Sépulcre (1).

Le Sépulcre dont nous allons parler, est situé sous le clocher nord et à l'extrémité occidentale de la basse-nef. Il a pour fondateurs, Geoffroy de Saint-Belin, chambellan du roi Louis XI, bailly de Chaumont, seigneur de Saixefontaine, et sa femme Marguerite de Baudricourt.

Ces deux personnages animés d'une commune piété

---

(1) Le sépulcre ayant été l'objet d'une notice par M. J. Fériel, publiée en 1841, j'ai dû, en écrivant une partie de ce chapitre, me rappeler la maxime : *non nova sed nove.*

songèrent à construire et à doter une chapelle en l'église Saint-Jean-Baptiste, où l'on priât pour leur salut et celui de leur famille. Dès l'an 1463, le projet fut en voie d'exécution, comme le prouvent les lettres d'amortissement obtenues du roi et délivrées à Amboise cette année même, pour l'acquisition d'une rente de 50 liv. tournois: « Nous avons receu humble supplicacion de nostre amé et féal conseiller et chambellan Gieuffroy de Saint-Belain, chavalier bailly de Chaumont, contenans que il a puis aucun temps en ça, fait construire et édiffier pour sa devocion en l'église de Saint-Jehan-Baptiste dudit lieu de Chaumont-en-Bassigny, une chapelle en l'onneur de la benoiste Vierge-Marie et un autre en son chastel de Cessefontaine; et esdictes chappelles a intencion fonder et ordonner certaines messes et autres services divins, pour le salut de l'âme de lui, de ses parents, amis et biensfaicteurs; et pour l'entretenement et continuacion d'icelui service est délibéré de donner a ceulx qui feront ledit service jusques à la somme de cinquante livres tournois de rente, tant de son héritage qui ja lui appartient, comme de ce qu'il a entencion d'acquérir pour ce faire. » Ce fut en 1471 seulement, que la fondation se termina par acte passé entre « Noble dame Marguerite de Baudricourt, dame de Saixefontaine, vesve de feu chevalier de bonne mémoire, messire Geuffroy de Saint-Belin, à son vivant conseiller..., tant en son nom comme ayant le bail, gouvernement et administration des corps et biens de damoiselles Katerine et Guyonne de Saint-

Belin, sœurs germaines et filles naturelles et légitimes, demorées et délaissées survivant dudit feu chevalier et d'icelle vesve jadis sa femme, mineures de ans et en bas âge » d'une part; d'autre part entre « Vénérables et discrettes personnes, maistre Etienne de Clamenges, bâchelier formé en theologie, chanoine et archidiacre du Barrois, en l'église de Langres, et doyen et curé d'icelle église parrochiale de Chaumont; messire Symon Crolebois... » Suivent les noms des douze chapelains et ceux d'un grand nombre d'habitants de Chaumont.

» Disans et recongnoissans icelles parties que, comme lesdiz feu chevalier et dame Marguerite jadiz sa femme, par singulière dévotion et meure délibération, du bon gré, consentement et octroy de ses vénérables curé et chappelains et honorables marrugliers, bourgeois et habitans d'icelle ville de Chaumont, cy dessus nommez, peu de temps avant la mort d'icellui feu chevalier, eussent entreprins et conclud fonder, construire et édiffier une chapelle en la dicte église parrochiale, c'est assavoir au fons de l'une des tours d'icelle, du costé des fons, en comprenant hors la dicte tour, la place ainsi quelle se extend du long et du large des basses voltes et dudit costé jusques au troisième pilier en tirant hault devers l'autel Saint-Nicolas, comme le .... d'icelle chappelle qui de présent est édiffiée le démon- tre; en intention, voulenté et propos de faire taillier et asseoir au fons d'icelle tour en ymaiges de pierre grandes et eslevées, la représentation du saint sépulcre Notre Seigneur Jésus-Christ; et en icelle chappelle hors de ladite tour, tous les autres mystères de sa passion glorieuse précédans et subséquens sa dicte sépulture, ou partie d'iceulx, comme du crucifiement, de la déposition de la croix et de la résurrection; ensemble l'autel garny de table et retable de pierre esquelz serait posée en semblables ymaiges, la représentation des cinq festes de la glorieuse vierge Marie et singulièrement de sa benoiste assumption, et des mystères qui en dépendent. ; — Et en oultre eussent délibéré et conclud iceulx chevalier et dame, de fonder ladicte chappelle au nom dudit saint-sépulcre et de ladite Vierge mère de Dieu, et icelle doer de cinquante livres tournois de rente annuelle et perpétuelle ; »....

Les dites parties reconnaissant encore que « ledit feu chevalier sans autrement conclure sur icelles (1) eust et ait au temps de sa vie, marchandé lesdiz ouvraiges nécessaires à la construction et édificacion d'icelle chappelle, ou la pluspart d'iceulx et en iceulx fait grandes préparations de matière et grans ouvraiges tant de maçonnerie que de taille et ymaigerie, et mesmement eust et ait, à son vivant, levé et obtenu du roy notre dit seigneur puissance et congié de acquérir lesd. cinquante livres tournois de rente annuelle et perpétuelle, et admortissement d'icelles expedié et vériffié deuement par nos seigneurs des comptes en franc aleud

---

(1) Sur les différentes conventions qu'il voulait arrêter avec la fabrique.

et hors fief et justice seulement et non autrement,
espérant et désirant de tout son cœur, comme il fait
à croire, le tout parfaire et accomplir avant son trespas; — Pendant le quel temps ledit feu chevalier estant
en l'armée du roy notre dit seigneur et en sa compai-
gnie comme chief et cappitaine de gens d'armes, le
jour que les Bourguignons furent rencontrez à Mont-
lehery, soit été occiz et murtry piteusement par iceulx
Bourguignons, en faisant son devoir comme loyal chevalier, au moyen du quel murtre ledit commencement et
entreprinse de l'édification, fondacion et dotation d'icelle
chappelle eussent et ayent été troublez, assouppiz et
rompuz, et sadicte femme et enffans demorez en vesvée,
orphanée et affliction de plusieurs grans et piteux affaires
comme chacun scet; — Laquelle vesve, ce nonobstant,
eust et ait rembrassé lesdiz ouvraiges, et tellement si
feust et soit employée que lesdits ouvraiges à sa di-
ligence fraiz et missions, ont été et sont assouviz, la
Dieu grace, comme par inspection d'iceulz, peut apparoir; et oultre plus enst icelle dame ou nom que dessus,
offert, sommé et requis par plusieurs et diverses fois,
à iceulx vénérables curé et chappellains et honnorables
bourgeois, habitans et marrugliers dudit Chaumont
que, en faveur et concidération de ladite piteuse mort
d'icellui feu chevalier advenue comme dessus et des
grans affaires d'elle et de sesdiz enffans, obstans les
quelz elle ne pourrait, ne ne scaurait acquérir fornir et
trouver au prouffit desdites parties icelle rente de cinquante livres tournois, ils et chacun d'eux en son

endroit voulsissent prendre et recevoir d'elle les deniers
souffisans à l'acquisicion de ladicte rente, cest assavoir
cent livres pour cent solz tournois et, pour le surplus
à l'équipolent, en prenant sur eulz la charge de faire
ladicte acquisicion, et elle leur bailleroit et délivreroit
voulentiers. Et en oultre, leur eust prié, sommé et requis que leur plaisir feust prendre et recevoir agréable-
blement ladicte chappelle, ensemble tous les ouvraiges
d'icelle pour bien assouviz et accompliz et lesdiz missal, calice, draps d'autel, vestements et aornements
telz et en telz prix et valeur qu'elle les avoit peu et
pourroit bonnement finer et mectre sus, en eulx soultz-
mectant de les maintenir et fornir perpétuelement en
estat louable, ensemble le service divin tel que dessus,
et elle fornirait de sa part les chosses dessusdictes,
pour une fois selon son povoir en si bon estat et valeur
que ilz et chacun en devrait être contens. — De la
quelle chose faire agréer, et accepter, lesdits vénérables
et habitants eussent été refusans, du moins délayant
pour aucunes raisons par eulz alléguées et déclairées ;
comme toutes ces choses disoient et affirmoient icelles
parties recongnaissans et chacune d'elles en son
endroit. » —

Ici finissent les considérants un peu diffus peut être,
mais qui me paraissent intéressants. La donation du
sépulcre et de la chapelle commencés vers l'an 1460,
ne fut donc pas terminée par Geoffroy de Saint-Belin ;
sa femme, après avoir vaincu les difficultés dont les
causes demeurent cachées, parvient enfin à en détermi-

ner les conditions acceptées par l'église et par la ville. —

Marguerite de Baudricourt donne aux marguilliers et habitants, les clefs de la chapelle et du sépulcre avec deux cents livres tournois pour acquérir la rente de dix livres ; à charge d'entretenir le monument et son mobilier, de fournir le luminaire, le pain et le vin pour les offices de fondation, d'employer enfin, pour sonner ces offices, une des grosses cloches de l'église. On lira avec plaisir l'inventaire du mobilier abandonné par la généreuse Dame. C'est assavoir :

« Ung calice avecques la platène d'argent fin, doré dehors et dedans, *armoyé des armes dudit feu chevalier,* pesant deux marcs quatre tréseaulz et peut valoir xxij l. t.

» Item, ung missal tout neuf noté et escript en lettres de forme et en veslin à l'usaige de Langres, contenant ung temps entier en deux volumes, qui a cousté en somme toute et en deniers comptens, vingt sept escus d'or.

» Item, deux petites choppinettes (burettes) d'argent fin, dorées par les bors pesans environ demi marc d'argent, prisées iiij¹ xᵉ t.

» Item, une paix d'ivoire assise sur un chassiz de bois à ung crucifiement eslevé qui a été priséexˢ. t. (1)

____

(1) Les Instruments de paix furent souvent sculptés en ivoire. L'usage maintenant aboli de donner la paix aux fidèles avec la patène, a fait passer dans les boutiques des brocanteurs beaucoup de ces instruments. Il en existe encore de curieux en quelques églises ; j'en ai vu un notamment en celle de Charmoilles.

» Item, deux paires de corporaulx, ensemble le repo_
sitoire d'iceulx qui est de velours cramoisy, le tout
prisé lxx^s. t. (1).

» Item, six nappes d'autel en fine toille de lin neufves
et fresches, chacune nappe de cinq aulnes de long et
de aulne et demie de large et son esté prisées iiij^l. x^s. t.

» Item, une couverture d'autel de drap de soye semé
de fleurs verdes assises sur un champ vermeil, doublé
de toile rouge, qui contient quatre aulnes de long et
cinq quartiers de large, ensemble le coussin de mesme
drap à reposer le missal sur l'autel, le tout prisé ix^l t. (2).

» Item, une autre couverture d'autel de semblable
longueur et largeur, qui est de saye verte d'Arras doublée
d'une nappe de toile, prisée xxxv^s. t.

» Item, quatre touailles pour le lavabo, fines et ou-
vrées, chacune touaille de quatre aulnes prisées xxx^s. t.

» Item, trois aulbes de toile de lin parées devant et
deors de parements de drap d'or et de amicts semblables, le tout prisé vij^l. x^s t. (3).

---

(1) Ce répositoire n'était pas sans doute autre chose qu'une
boîte. Le nom de répositoire a été proprement donné, en liturgie, à la colombe d'argent ou d'or qui contenait autrefois l'Eucha-
ristie suspendue au-dessus de l'autel.

(2) *In cornu Epistolæ cussinus supponendus missali*, dit la rubrique romaine. Aujourd'hui on se sert plutôt d'une machine en
bois qui ne ressemble pas mal à un piége, à une espèce de *chif-
fre-quatre* où l'on craint de se prendre les doigts.

(3) D'ordinaire, nos aubes et surtout nos amits n'ont pas
d'ornements de ce genre. L'aube seule est relevée de broderies

» Item, deux autres aulbes sans parements, de toille de lin, garnies de leurs amicts, prisées xxx⁵ t.

» Item, deux choppinettes d'estain, pour tous les jours, prisées ij⁵. vi^d t.

» Item, deux beaulx chandeliers de cuivre à mectre sur l'autel, ensemble un scellot à mettre l'eau benoite, et peut le tout peser environ cinquante livres; prisées viij^l. t.

» Item, pour le service d'icelle chappelle à tous les jours, deux chasubles, une blanche de boucassin, ensemble l'orfroi semé de rays de fil d'or, et l'autre chasuble d'un satin vermeil figuré d'oiseaux d'or avecques fleurs de *Marguerittes*, ensemble les estoilles (étoles) et manipules de mesmes drap; le tout prisé dix livres t. (1).

---

plus ou moins riches. Jadis elle reçut parfois des franges et des paillettes d'or. Mabillon rapporte qu'en l'an 800, un abbé légua *albas romanas cum amictis suis auro paratas sex.* (Voyez Krazer, *De Liturgiis.* Sect. 3, c. 2.)

Quant à l'amit, on sera moins surpris de le voir avec ces cordonnets brillants, si l'on se souvient qu'il ne fut pas toujours caché sous l'aube, mais mis en chaperon ; et qu'il restait par conséquent visible, comme plusieurs liturgies monastiques le gardent encore. Ceci justifie la prière : *Impone, Domine, capiti meo galeam salutis æternæ,* qu'on dit en le mettant, et décèle l'origine de la rubrique : *ponit super caput et mox declinat ad collum.* Du reste, les exemples d'amits parés d'or ne manquent pas. (Voyez Krazer, sect. 3, c. 1.)

(1) Le boucassin est un tissu de fil et de coton, une sorte de utaine.

» Item, deux courtines (rideaux) de taffetas renforré vermeil, garnies de annelets d'argent, à mectre aux deux boutz de l'autel prisées vi^l. t.

» Item, pour le jour des anniversaires solennels qui se doivent célébrer en la dicte chappelle, une chasuble de drap damas noir, ensemble l'orfroy assiz sur taffetas blanc figuré de feuilles d'or, et la thunique et dalmatique de drap semblable, lesquelles sont formés de orfroy de velours cramoisy, ensemble les estoilles et manipules de ce mesmes drap, le tout doublé de toile noire, prisées le tout ensemble xxj^l. t.

» Item, pour les jours des fêtes solennelles, icelle dame a baillé et délivré une chasuble, deux chappes, la thunique et dalmatique de drap d'or, les orfroys bordez de fil d'or en ymaiges eslevées, qui sont doublées de toile noire, le tout prisé iiij^{xxl}. t. (80 liv.)

» Item, ung tappis de Turquie à mectre sur le marche-pied devant l'autel, prisé cinquante sols tournois.

» Item, quatre petits coussins à parer l'autel d'icelle chappelle, couverts de velours cramoisy les deux et les deux autres de velours noirs, qui sont été prisez iiijl. t.

» Et estoient et sont les dits aornements et toutes chosses dessus dictes sainnes et entières de neufve matière (1). »

---

(1) Aux termes de la donation, les marguillers devaient tenir le mobilier dans l'état où la fondatrice l'avait laissé, et ne substituer à un objet usé qu'un objet ayant la valeur première de celui qu'il remplaçait.

Le curé et les chapelains reçoivent, de leur côté, vingt livres tournois de rente, par la cession de différents droits spécifiés dans l'acte, et de plus, 400 livres, pour doubler la somme de la rente annuelle, « c'est assavoir en deux cens quatrevingt escus d'or, en huit pièces de six blancs du coing du roi notre seigneur de présent, ayant cours, et en douze florins de rin ; laquelle somme de quatre cens livres tournois iceulx vénérables ont prinse et reçeue agréablement. »

En retour ils s'engagent à dire à la chapellé une messe basse quotidienne « à l'eure de six heures du matin incontinent après le son de l'une des grosses cloches de ladite église qu'ilz sonneront ou feront sonner le nombre de treize cóps de battant ayant telle distance de l'un à l'autre que, entre deux cops, l'on puisse dire à trait ung ave maria » ; la messe sera « du jour ou temps courrant selon l'ordinaire de l'éveschié de Langres, excepté seulement les jours de vendredy, samedy et lundi esquelz jours la dicte messe cothidinane sera, c'est assavoir, le vendredy de la croix, le samedy de Nostre Dame et le lundy des trespassez pour le salut des âmes d'iceulx seigneur et dame fondeurs » etc... sont exceptés les jours de fête double et aussi « les jours des cinq festes de Nostre Dame, de Sainte-Katerine, de Saint-Michiel, de Sainte-Marguerite, les deux festes de Sainte-Croix et les jours que iceulx chevalier et dame fondeurs yront ou seront alez de vie à trespas ; ausquelz jours de festes qui sont en nombre dix festes, icelle messe cothidiane à l'eure et au son que dessus, sera célébrée et chantée à notte solennellement, c'est assavoir, à dyacre, soubz dyacre et choriaulx revestuz des vestemens et aornement solennelz donnez à icelle chappelle. » Chaque jour, après la messe, on fera l'absoute « sur la sépulture d'iceulx fondeurs, ou la représentation d'icelle estant devant l'autel de la dicte chappelle. »

La noble dame se réserve, pour elle et ses enfants, pour leurs hoirs et successeurs, seigneurs et dames de Saixefontaine, la collation de la chapelle. Le bénéficier sera choisi selon leur bon plaisir parmi les douze chapelains, ou, si le nombre en est incomplet, parmi tous autres prêtres, et il fera « serment solennel es mains d'icelle dame et de ses diz successeurs, préalablement et avant qu'il soit institué et empossessionné. »

Il est temps de décrire le monument, ou du moins ce qui reste du monument dont nous venons d'exposer la fondation.

La chapelle n'existe plus ; les fureurs de la révolution l'ont détruite ; on reconnait seulement une fenêtre plus ancienne que les autres et qui l'éclaira.

Elle s'élevait sur le caveau où sont encore des ossements parmi lesquels on a reconnu le crâne de M. Magalotti, neveu du cardinal Mazarin ; nous le dirons ailleurs.

Les nombreux bas-reliefs dont Geoffroy de Saint-Belin avait tapissé la chapelle ont aussi disparu. Nous en avons cherché des traces et nous en avons trouvé. Le pavé dans cet endroit de l'église est composé de pierres brunes et dures ; des pierres tendres et blanches s'y mêlent çà et là. En relevant les dernières, ce nous fut une chose triste à voir que les scupltures de Geoffroi mutilées et frustes, jetées sens dessus dessous pour être foulées aux pieds ! Mais toutes ne sont pas ici. Que sont devenues les autres ? Il n'est guère possible de le dire. Nous croyons cependant que des morceaux furent arrachés aux mains des Vandales. De grands bas-reliefs ont été sauvés pendant la Terreur et incrustés dans l'épaisseur d'un mur, derrière des lambris, en la maison n° 1 , rue du Corgebin. Plusieurs, sinon tous, n'ont-ils pas appartenu à la chapelle du sépulcre ? Les sujets et l'exécution m'inclinent à le penser (1).

On voit dans une maison du faubourg Saint-Jean, dite maison du Père-Eternel, un superbe haut-relief provenant de la démolition de ces ouvrages. Dieu le

---

(1) Ce n'est pas le lieu de décrire ces ouvrages représentant différents mystères de la vie du Christ et celle de la Vierge. Un seul peut avoir de l'obscurité, parce que tout le monde ne connaît pas la légende du convoi funèbre de la Mère de Dieu. Le cercueil est porté par Saint-Pierre et Saint-Paul. Jean précède, tenant une palme qu'un ange cueillit au Ciel et remit à Marie dans une vision. Le prince des prêtres, à la tête du peuple irrité, voulut renverser le cercueil ; mais ses mains y restèrent collées et ses bras se desséchèrent. Il ne recouvra ses mains et la santé qu'en confessant la foi, après avoir baisé le cercueil. Tel est le récit de la *Légende dorée* que le ciseau a traduit. — On espère que le propriétaire de ces sculptures en fera don à l'église Saint-Jean-Baptiste, dont sans doute elles sont sorties.

Père est en pape, de l'âge mur et barbu. Une trentaine d'anges ailés dont deux soutiennent la triple couronne lui servent d'auréole. Il est sorti à mi-corps de la pierre, et donne de la droite la bénédiction latine, tandis que la gauche tient un livre à fermoir sculpté. Un témoin oculaire nous a certifié que ce morceau fut enlevé de la chapelle qui nous occupe et acheté **12** francs.

On entre au sépulcre par deux portes. L'une fut ornée depuis peu de colonnes et de statues. Celles de J.-C. appuyé sur sa croix et de la Vierge au calvaire viennent de l'abbaye de la Crête ; elles sont de J.-B. Bouchardon et de bon travail. Entre elles est un crucifix de mince mérite que posséda l'abbaye de Longuay. Si l'on enlevait cette façade d'assez mauvais goût, je soupçonne qu'on remettrait au jour des sculptures anciennes dont on ne voit qu'un reste à la clef du cintre de la porte, le voile où est imprimée la face de Jésus.

Deux statues colossales, dont nos compatriotes d'un certain âge n'ont pas perdu la mémoire et qu'ils nomment les gardes-sépulcre, se tenaient à cette entrée. Il représentaient les soldats qui la défendirent sur l'ordre des princes des prêtres : *Illi autem abeuntes munierunt sepulcrum, signantes lapidem cum custotibus* (Mathieu. 37).

La porte accessoire, sous la tribune de l'orgue, s'amortit en arcade à contre-courbure. Elle était chargée de feuillages frisés que l'on a dégradés à coup de pic en effaçant les armoiries des ci-devant nobles.

L'édicule à l'intérieur, est un carré de trois à quatre

mètres sur une face ; la hauteur excède d'un mètre environ. La lumière est versée par une fenêtre gothique dont le réseau compliqué tempère les rayons du jour. Il ne conviendrait pas qu'ils fussent trop vifs ; la douloureuse scène a besoin de silence et de mystère.

La voûte profonde est formée par deux caissons à faisceaux de nervures prismatiques. Elle descendent d'un côté sur des culs-de-lampe terminés par des anges aux aîles déployées (1) ; de l'autre, sur des piles, ou mieux sur des gerbes de nervures anguleuses, creusées bien avant dans la pierre, et surmontées dè légers chapitaux que la patience et l'adresse ont sculptés. Le caprice, sur l'un d'eux, a mis un petit porc se jouant dans les glands et les feuilles de chêne.

Une riche polychromie à l'huile revêt les parois. La voûte est d'azur, étoilée d'or. Ses deux clefs sont une merveille, non pas d'un sculpteur, mais d'un orfèvre, en vérité. Elle représentent la justice et la charité, reines et assises sur leurs trônes, habillées d'or, d'hermine et de pourpre. Celle-ci est environnée de tendres enfants ; l'autre tient la balance et le sceptre fleurdelisé.

Chacun de ces bijoux est entouré d'un cercle d'or, espèce d'auréole sculptée à jour. Vous lisez dans les vides, autour de la charité, la devise évangélique : *soyez miséricordieux comme votre père est miséricordieux* ; et cette

---

(1) A la retombée du milieu, deux anges élèvent dans leurs mains une couronne brisée qui fut une couronne de comte.

autre, pour la justice : *Rends à chacun ce qui lui appartient* (1).

Sur le mur, vis-à-vis la fenêtre, le peintre a figuré
une tapisserie et une croix flanquée des insignes de la
Passion. Il n'a pas étendu le crucifix sur cette croix ;
mais, idée bizarre ! il y a peint un cœur sanglant, trans-
percé d'un fer de lance ; il y a cloué des mains sans bras,
des pieds sans jambes. C'est une idée du temps. On lit
au-dessus de la porte la date 1471.

Sur le mur, au-dessus des statues, des anges se tiennent en adoration. De l'autre côté sont les armoiries des
fondateurs. Geoffroi de Saint-Belin porte :

*D'azur, à trois rencontres de bélier d'argent accor-
nées d'or, 2, 1.*

Ici son écu est miparti de Saint-Belin et de Baudricourt.

L'écu de Marguerite est :

*Pallé d'or et de gueules de six pièces, adextré en
chef d'un poisson de sable* (2).

A gauche, en entrant par la porte secondaire, on remarque une niche. Elle ne renferme plus la relique insigne

---

(1) Les inscriptions sont en latin : *Estote misericordes sicut pater
vester misericors est. Redde unicuique quod suum est.*

(2) Du Tillet doit se tromper lorsqu'il donne les armes de Baudricourt :

D'or au lion de sable couronné et lampassé de gueules.

(Généalogie des maréchaux de France, tom. 7.)

qu'autrefois on y déposa, suivant l'inscription en lettres d'or tracée sur le volet :

BAPTISTAE LATET HIC CERVIX ; HIC SANGUIS ADORAT

SANGUINEM, ET HIC COESUM VICTIMA COESA DEUM ;

QUAM BENE CONVENIUNT GEMINAE SPECTACULA MORTIS !

AGNUS HIC, HIC AGNI NUNTIUS IPSE CADIT.

MOLLIAT HAEC PIETAS OCULOS SANGUINE FUMANS ; (sic)

HOC SALTEM LACRYMIS SPARGE SALUTIS OPUS.

« *Sic pangebat et pingebat* M. Claudius Perrin, anno 139 (sic) *tunc huic ecclesiæ* P^{er}. 1639. »

Si ces distiques n'ont pas toujours le mérite de la douceur, ni même de la mesure et d'un goût sévère, ils ont du moins celui du laconisme. J'essaie une traduction :

Le chef de Jean-Baptiste est scellé dans ce lieu.
Le sang qu'un grand martyr à répandu pour Dieu
Adore, ici, le sang du Christ mort en victime !
Est-il rapprochement plus touchant et plus beau ?
L'Agneau, le Précurseur dans un même tombeau.
Ce sang qui fume encore a réparé ton crime,
Coupable; tu causas ces cruelles douleurs ;
Peux-tu les contempler sans y mêler des pleurs !

« Ainsi s'exclamait et peignait, en 1639, M. Claude Perrin, alors prêtre de cette église. 1639. »

Les statues du sépulcre sont au nombre de onze, dont cinq s'abritent sous une arcade pratiquée au fond de l'édicule. Un pinceau délicat a répandu sur leurs vêtements de splendides couleurs, ternies par le temps, mais encore belles. Nous ne comprenons pas que l'on désapprouve cette alliance d'un pinceau habile et d'un habile ciseau. Je ne sais quel lustre particulier dans la statuaire, quelle

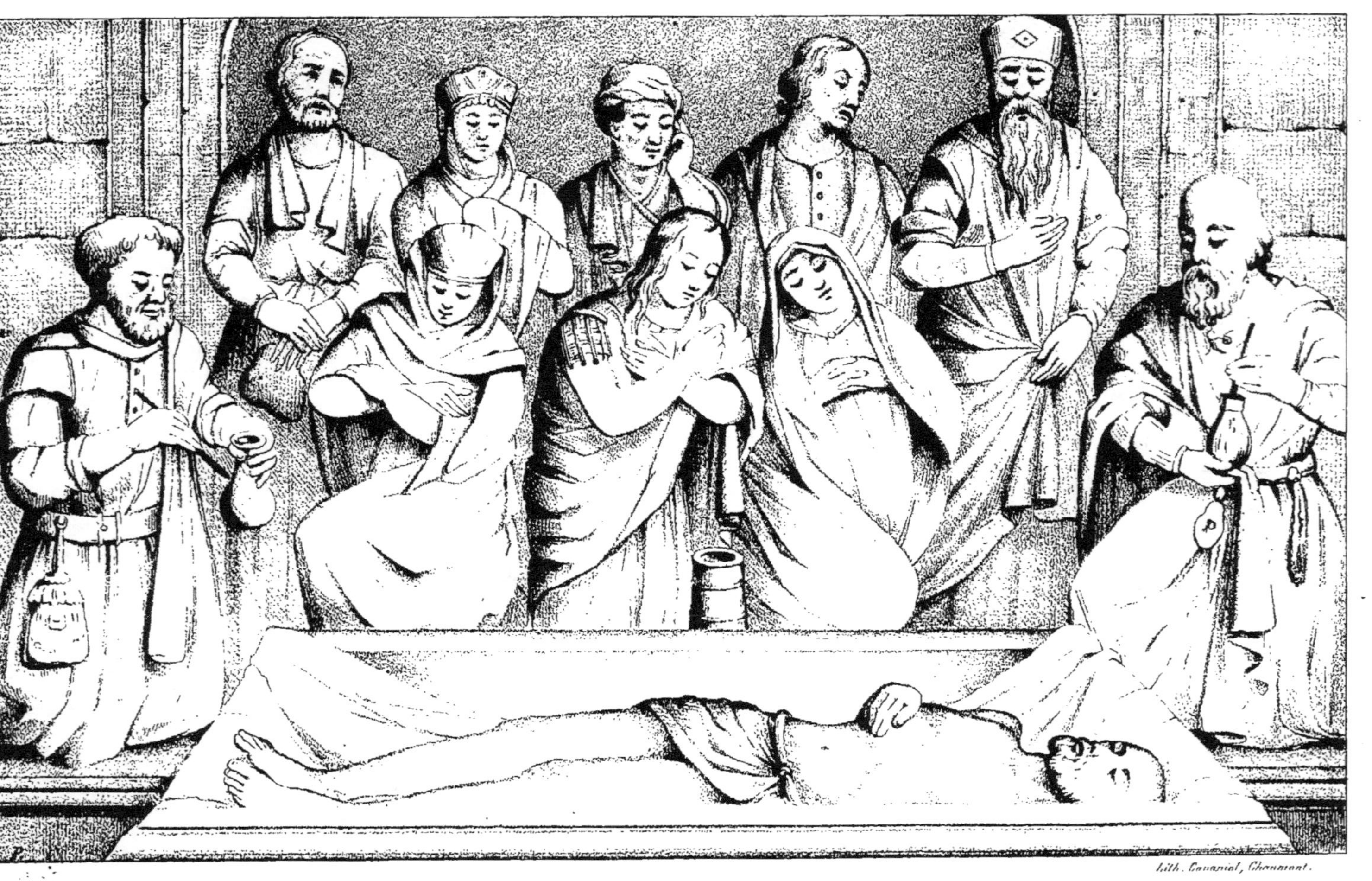

Lith. Cavaniol, Chaumont.

jouissance nouvelle pour le spectateur, résultent de cette union. Disons que le peintre, si excellente que fût sa touche, n'a pas osé l'approcher du corps de J.-C. Il a bien fait.

Considérant que la partie postérieure de plusieurs statues est d'un travail soigné, mais invisible à cause de la position qu'elles occupent, plusieurs artistes ont cru que le groupe avait été déplacé ; ils ont tenté d'assigner son ordonnance primitive. Ceci nous entraînerait trop loin et n'est d'ailleurs que conjectural. J'examine l'ouvrage tel qui est.

Tombeau du Christ. — On a creusé dans le sol à deux pieds de profondeur, pour y descendre le tombeau du Christ. La corniche de ses bords supérieurs se trouve ainsi de niveau avec le plan où se tiennent les autres personnages. Le tombeau n'est pas fermé. Son couvercle, posé sur champ et muni de plusieurs anneaux, sert de balustrade en avant du groupe. Le corps mort de Jésus, le long suaire sur lequel il est étendu, la grande pierre qui le renferme sont d'un seul morceau ; et pourtant les genoux se détachent du fond de manière qu'on peut les entourer de la main. La statue est d'une beauté, d'une vérité frappantes. L'Homme-Dieu n'a pas perdu sa majestueuse sérénité, bien que ce corps participe de la raideur du cadavre. Malgré la sueur d'agonie qui a collé cette barbe, le froid de la mort qui a creusé les yeux, entr'ouvert les lèvres, aminci le nez en resserrant les ailes, la Divinité habite encore ces membres glacés. Vous pouvez étudier, à l'endroit des cinq plaies, l'action des clous et du fer de lance sur les chairs et les nerfs. L'artiste n'a point fait une repoussante anatomie; mais il ne devait pas oublier les paroles du prophète : « *Livore ejus sanati sumus.* »

Nicodème. — Nicodème est agenouillé aux pieds du Christ qui l'appelait *Maître en Israel.* Cependant il paraît que ce juif avait l'intelligence assez obtuse. Jésus lui témoigna même son étonnement de ce qu'il le trouvait si peu éclairé (1). Le sculpteur lui a donné des traits vulgaires sous lesquels on devine un bon cœur. Les larmes coulent de ses yeux. Lui qui, jusque là, n'avait été qu'un disciple craintif et caché, se conduisit dès lors par l'inspiration d'une foi ardente et mérita les persécutions de la synagogue (2). Nicodème, manches retroussées, tenant en ses mains une spatule et un vase de myrre et d'aloès, se prépare à oindre de parfums le corps de son divin Maître. Ses vêtements annoncent de la richesse. Une bande de drap rouge, qui rappelle assez l'*orarium* des Romains, fait le tour du cou, et pend par derrière et sur la poitrine. Sa robe verte, parsemée de fleurs d'or, est pressée par une superbe ceinture, à laquelle se rattachent à gauche un bourselot et à droite une escarcelle d'un

____

(1) *Respondit Nicodemus et dixit ci : Quomodo possunt hæc fieri? Respondit Jesus et dixit ci : Tu es magister in Israël et hæc ignoras.*
(2) D. Calmet. Dict. de la Bible.

travail raffiné. Enfin les boucles de sa chevelure et de sa barbe sont comptées : c'est que l'évangile donne à Nicodème le titre de Prince (1).

Jacques-le-Majeur. — Ce personnage debout, à gauche, au fond de l'arcade, est Jacques-le-Majeur, fils aîné du pêcheur Zébédée et de Salomé. Il partagea le nom d'Enfant-du-Tonnerre, avec son frère Jean l'Évangéliste. Sa haute stature et son visage mâle imposent. Mais il a l'air de ne rien comprendre à ce qui se passe. Ses bras tombent, la stupeur lui ouvre la bouche... Ah! c'est qu'il avait vu la transfiguration. Et quelle distance du Thabor au Calvaire! Je lis sur cette face inquiète : « Se peut-il que tant de gloire soit éclipsée.... Est-ce un rêve..... Est-ce là le fils de Dieu dont l'éclat m'éblouissait hier? » Et sa foi lui répond, oui; cette foi, qui lui fit trancher la tête. Saint Épiphane (Hœres. 58. Cap. 4) assure que Saint-Jacques ne portait qu'une simple tunique avec un manteau de lin, et qu'il négligeait de se faire couper les cheveux. Serait-ce pour cela que son costume est drapé sans effet, et que les mèches de sa chevelure descendent sur le front?

La Véronique. — Il coudoie de la gauche une bien intéressante statue. Cette femme au nez aquilin, aux yeux modestement baissés, au profil fin et calme, à la tristesse contenue; cette femme qui médite le douloureux

----

(1) *Erat autem homo ex Pharisœis, Nicodemus nomine, princeps Judœorum.* — Jean 3. 1.

mystère, et cache ses mains sous le linge qui essuya la face de Jésus baignée de sang et de sueur, nous la nommons Véronique. Je ne puis en la considérant m'ôter de l'idée que je vois un portrait. J'abandonne cette impression personnelle au sentiment de chacun. En tout cas, ce portrait ne serait point celui de la noble fondatrice, comme je me suis plu longtemps à me le persuader. Je lis en effet dans un manuscrit d'un ancien chanoine de Chaumont : « Sous la tour qui est à gauche de l'église, en entrant, est un sépulchre de Notre-Seigneur dont les figures attirent la curiosité des voyageurs. Au-dessus de la porte extérieure de ce monument, on voit ceux qui l'on fait bâtir, l'un est Geoffroy de Saint-Belin, bailly de Chaumont, tué depuis en la journée de Montlhéry, et l'autre, son épouse, fille du maréchal de Baudricourt. La singularité de l'habillement et de la coëffure de Madame de Saint-Belin fait voir quelle était la façon dont se mettoient les dames de la première condition, au XVe siècle. » Le voile de la Véronique, attaché à sa coiffure élevée, s'épand sur les épaules et vient se fixer en pointe à l'estomac. Une série de boutons arrondis, garnit, en dessous et du coude ou poignet, les manches plates de sa robe richement peinte.

Marie, mère de Jacques. — A sa gauche est Marie, mère de Jacques-le-Mineur, que plusieurs tiennent pour la même que Marie de Cléophas. Sa tête est soutenue de la main, et son regard pénétrant et désolé semble chercher la vie dans le corps inanimé de Jésus. Ne vous étonnez pas de cette pose contemplative. Comment

Marie détacherait-elle ses yeux du Christ, elle qui, humble servante, le suivit durant ses voyages, à la dernière pâques et jusqu'à sa mort : *Stabant autem juxtà Crucem Jesu, mater ejus et soror matris ejus Maria Cleophœ.* (Jean. 19. 25.). Remarquez le goût de l'artiste. Il a su varier ses poses, l'agencement des draperies. Ce manteau relevé sur le bras, ce turban librement enroulé, contrastent avec les plis serrés de la coiffure et les vêtements tendus de la Véronique.

Saint Jean et la Vierge. — Mais que dirais-je de Saint-Jean. Ma plume cherche des termes pour traduire la pensée de l'artiste ; elle n'en trouve pas. L'âme du disciple bien-aimé, accablée doublement, est déchirée par les angoisses de la vierge qu'il soutient dans ses bras (pénible devoir de l'amour filial !), et par la vue de son ami, de son Dieu étendu sans vie. Il ne peut soutenir un tel spectacle et détourne son visage éploré. Plus poignante encore, si possible est, la douleur de la vierge. Ses yeux sont gonflés de pleurs, ses lèvres trahissent une agitation fébrile, son cœur est navré, fendu; et sous l'ampleur des chastes draperies dont le sculpteur, par respect sans doute, a voilé ces maternelles tortures, le corps entier semble défaillir. Ne dissimulons pas, cependant, que cette vierge a son défaut pour l'iconographie chrétienne. Les théologiens réprouvent comme inconvenante, toute image qui supposerait en Marie quelque faiblesse (1). Au vrai, je reconnais à peine dans cette

____

(1) *Van Der-Meulen. De Hist. sacr. Imag. Lib. 4, c. 8,* avec les notes de Paquot.

femme évanouie celle qui était debout (*Stabat*) au pied
de la croix, où son Fils endurait des souffrances indici-
bles ; celle qui, par un acte de charité aussi intense et
parfait qu'une créature le puisse faire, offrait en sacrifice le fruit de ses entrailles, Jésus qu'elle aimait sans
mesure ; Marie enfin qui, loin de croire le corps divin
corruptible, gardait seule, selon beaucoup de scholas-
tiques, la foi de l'Eglise en la résurrection glorieuse et
prochaine (1).

Notons que les deux statues sont taillées d'un même
bloc. Les draperies de la Vierge, contournées par sa pose,
tranchent sur la tunique et les plis réguliers du manteau
de l'apôtre. Celui-ci a la barbe rare et les cheveux bou-
clés autour de la tête.

Le Centenier.—A la gauche de Saint-Jean, et comme
pour faire ressortir les caractères qui le distinguent, se
tient debout le centenier au maintien grave, à la figure
presqu'impassible. Une barbe vénérable flotte sur sa
poitrine ; sa tiare est embellie d'une marque ciselée avec
soin. De la main gauche, il relève son manteau, et sa
droite est posée sur le cœur. Sa tristesse devait être
moins expansive que celle des autres. L'imagier l'a
compris.

Joseph d'Arimathie. —Joseph d'Arimathie est à la
tête du Christ, un genou en terre, vis-à-vis Nicodème et
comme lui, tenant en main un vase d'aromates pour em-

______

(1) *Id. Op. Lib.* 4, *c.* 13. — *Joan, cap.* 20, *v.* 9.

baumer le corps sacré. Les artistes de l'école moderne reprochent en général à la statuaire que nous décrivons la vulgarité des types. L'idéal du sculpteur aurait pu monter plus haut, mais en perdant son naturel et sa naïveté. Joseph d'Arimathie était un homme riche et membre du sénat; il était juste de lui donner une physionomie distinguée. Aussi sa belle tête, presque chauve, se rapproche davantage des modèles antiques. Ses draperies sont jetées de manière à laisser au bras gauche la liberté des mouvements. La position de Joseph relativement aux spectateurs, exigeait qu'il parût gaucher. Une bourse et un étui pendent de sa ceinture.

Salomé. — Salomé que plusieurs, d'après le martyrologe romain, nomment encore Marie Salomé (1), s'agenouille dans une pose particulière, sur le premier plan, vers Nicodème. Les bras mis en croix sur la poitrine, la tête couverte d'un turban et d'un voile, elle respire la prière et la méditation.

Marie-Madeleine. — Marie-Madeleine est entre la Sainte-Vierge et Salomé. Voici un morceau digne d'é-

---

(1) Les évangiles apocryphes n'ont pas peu contribué à jeter du louche sur les personnages qui portent le nom de Marie dans le Nouveau-Testament. — Gerson *(serm. de Nat. B. M. Virginis)* cite les vers suivants qu'on lit aussi dans Molanus :

Anna tribus nupsit, Joachim, Cleophæ, Salomæque ;
Ex quibus ipsa viris peperit tres Anna Marias,
Quas duxêre Joseph, Alphæus, Zebedæusque.
Prima Jesum ; Jacobum, Joseph cum Simone, Judam
Altera dat ; Jacobum dat tertia, datque Joannem.

loges. Que de fois nous l'avons admiré sans nous lasser jamais. La Vierge et Madeleine; la sainteté toujours immaculée, près de l'innocence née du repentir et de l'amour. Cette épaule et ces bras nus, ces cheveux ondoyants sont de la pécheresse; vous soupçonnez qu'autrefois les yeux ne furent pas ainsi baissés, l'attitude et l'air, aussi modestes. Mais rien ne choque, rien ne scandalise. La robe s'écarte et laisse voir l'épaule, mais revêtue de la chemisette de pénitence; les nœuds de la haire pénètrent cette chair maintenant mortifiée. On ne peut exiger des artistes qu'ils abandonnent ce contraste piquant de la courtisane et de la repentie. Du moins qu'ils ne le traitent pas en outrageant la pudeur comme ont fait les Cigoli et, en général, les peintres de la Sainte-Baume. Le tact et la piété qui reluisent en notre Madeleine serviraient d'exemple. Sa figure, sans être d'une parfaite beauté, a de la ressemblance avec celle de la Madeleine du Titien, *dans le Christ porté au tombeau;* sauf que celle-ci est distraite et plus échevelée.

Tel est le sépulcre de Chaumont. Le peuple l'aime; il en trouve, avec bien de raison, les figures *parlantes.* Et quand, au Jeudi-Saint, le Saint-Sacrement réside sur son reposoir, quand mille cierges scintillent dans la chapelle, la foule s'empresse d'y venir adorer J.-C. et voir encore ces statues vivantes qui lui disent quelque chose au cœur.

Nous n'avons pu découvrir le nom des sculpteurs ni le prix que leur ouvrage a coûté.

CHAPITRE III.

———

Érection de l'Église en Collégiale. — Jean de Montmirel.
Constitution et Histoire du Chapitre.

En 1473, Etienne de Clamenges possédait la cure de
Chaumont. Il avait sa résidence à Langres, parce qu'il
était en même temps chanoine de Saint-Mammès et
archidiacre du Barrois. Un abus trop fréquent alors,
contre la discipline ecclésiastique, lui avait permis de
réunir ces titres incompatibles. Guy Bernard occupait
le siége épiscopal. Prélat zélé, sage administrateur du
temporel de son diocèse, il cherchait tous les moyens
de donner du lustre aux églises placées sous sa hou-
lette. Visitant donc Saint-Jean-Baptiste, il jugea qu'il
conviendrait d'y fonder un Chapitre de chanoines et fit
part de sa pensée à la ville. Elle ne put qu'applaudir à un

pareil dessein ; les chapelains, de leur côté, agréèrent une proposition avantageuse pour la religion et pour eux-mêmes. Etienne ne s'y opposa pas ; mais il se réserva les prérogatives et les émoluments de la cure qui ne s'éteignit vraiment qu'à la mort de cet archidiacre.

Il s'agissait d'obtenir en cour de Rome la bulle d'érection. Les regards se tournèrent vers Jean de Montmirel, natif de Chaumont et référendaire du pape Sixte IV. C'est ici le lieu de faire connaître ce grand bienfaiteur de l'église et de la ville de Chaumont.

Jean de Montmirel, que l'on nomme aussi Montmirail et Montmirey, reçut le jour, en 1409, de Guillaume de Montmirey, mercier, et de Sibille, sa femme. Il eut une sœur appelée Catherine, qui fut mariée à un bourgeois, Marthe de La Harmand ; de cette union naquit Nicolas de La Harmand, neveu de Jean, et plus tard chanoine de Toul et doyen de Chaumont. C'est dans l'église Saint-Jean, où ses ancêtres avaient leur sépulture, que Montmirel fut baptisé. Il annonça, par ses premières études, un homme distingué. Son goût lui fit embrasser avec passion l'étude du droit-canon. Ce goût ne se démentit jamais et le porta bientôt à rechercher le bonnet de docteur. Le titre de docteur en décrets lui fut si cher, qu'il le préféra toujours à de plus éclatants.

La chapelle de Saint-Michel a été son premier bénéfice (1). Il ne l'obtint que sur un jugement rendu au

____

(1) L'église Saint-Michel était située vers l'emplacement des

concile de Bâle contre un compétiteur qui s'efforçait de lui ravir ses droits. La cure de Percey-le-Grand, qui appartient aujourd'hui au diocèse de Besançon, lui fut dévolue quelques années après (1). En 1460, il était pourvu d'un canonicat à Saint-Mammès, et possesseur d'une maison canoniale qu'il garda toute sa vie. On ne peut dire comment ni en quel temps au juste, il passa de France à Rome. Les Chaumontais le croyaient, en 1471, évêque de Carpentras. Ils lui adressèrent une lettre en cette ville, mais elle lui fut renvoyée à Rome. On a revu cette lettre au bas de laquelle il avait écrit : *Recepi Romæ XV maii anno LXXI°.*

Ses talents ne tardèrent pas à le faire discerner. Il monta sur le siège épiscopal de Vaison, petite ville du Comtat-Venaissin. et devint ami intime du pape Sixte IV qui le choisit pour référendaire secret. Telle était la confiance du souverain pontife en Montmirel, que celui-ci pouvait à son gré modifier les lettres de faveurs accordées par le pape : *Libellis signandis Joannem Montemirabilem, virum gallicum exercitatum præfuit, qui non ritè concessa interpolare et retractare posset.* Ce témoignage est rendu par Volteran.

On ne sera pas surpris qu'un protecteur si influent ait obtenu pour l'église de sa ville natale des privilèges

---

Halles. Elle fut démolie à la fin de la Révolution. J'aurai occasion d'en parler dans la suite.

(1) Plusieurs chanoines de Chaumont passèrent dans la suite à cette cure : Guy Maillotte, en 1482 ; Savin Cassart, en 1500.

extraordinaires. Les bulles qui les contenaient se suc-
cédèrent rapidement. La première, fulminée le 18 décembre 1474, accordait l'érection en collégiale. Un
doyen et douze chanoines natifs de Chaumont succè-
dent au curé et aux douze chapelains qui desservaient
la ville. Il y a, en outre, quatre semi-prebendes. Les fonctions curiales sont exercées par celui de ses membres
que le Chapitre délègue et peut révoquer. En 1475,
nouvelle bulle datée du 17 janvier, par laquelle sont
réunies au Chapitre les cures de Darmanne, Condes
et Bologne, les chapelles des églises Saint-Jean et
Saint-Michel et celle de Buxereuilles, prieuré dépen-
dant de Molême. Quelques jours plus tard, une troisième bulle enlevait le Chapitre à la juridiction de
l'Ordinaire, et il ne relevait plus que du Saint-Siége.
Enfin, cette même année, Sixte IV concédait, par
une quatrième bulle, l'indulgence du Pardon-Général
qui fera l'objet d'un article particulier.

Nous devons examiner maintenant comment on
reçut les bulles relatives au Chapitre, et quelle fut sa
constitution définitive. Il est vrai de dire que son établissement entraîna des ennuis et des contrariétés pour
ceux mêmes qui l'avaient demandé. L'esprit de conci-
liation et de paix mit plusieurs années à régler les différents et à calmer les plaintes. D'un côté, l'évêque avait
pour exorbitant le privilége qui le privait d'une partie
de sa juridiction ; de l'autre, les Chaumontais ne se
voyaient pas sans une peine toute légitime, dépouillés
du droit d'élire aux bénéfices.

Les chanoines tenaient ferme et usaient du crédit de
Montmirel pour se maintenir en possession des biens
acquis. Ils obtinrent pour protecteurs et juges de leurs
priviléges, Montmirel lui-même, l'abbé de Sainte-Ge-
neviève de Paris et le doyen de la cathédrale de Langres. Louis XI délivra des lettres-patentes, où il est
enjoint aux baillis de Chaumont, Sens et Troyes, aux
prévôts et tous autres justiciers, de venir en aide au
Chapitre pour lui assurer pleine et paisible jouissance
de ses droits : « Comme nostre sainct père le Pape
Sixte quart aye naguère érigé Monseigneur Saint-Jehan
de Chaumont qui soulait estre parochiale en église collégiale et canoniale, c'est a scavoir dun doyen en principale dignité, trésorier en seconde, chantre en tierce
et douze chanoines ausquelz il aye donné plusieurs
grâces et priviléges, ainsi que plus à plain est contenu
et peut apparoir, par ces bulles de ladite érection sur ce
données par nostre dit sainct père le Pape, desquels
les doyen, trésorier, chantre et chanoines dessus dits,
ont intention d'estre aydés; mais il doubtent que nos
officiers les voulissent en ce empescher soubs couleur
de nos ordonnances ou autrement, s'ils n'avaient sur
ce nos consentements, congés et licence... Pour ce....
inclinant favorablement, etc. A Vaux en Dauphiné,
le 23ᵉ jour d'apvril, lan de grace 1476. » Du reste,
leur principal appui, même à la cour de France, était
Montmirel. Il avait engagé le Pape à écrire au roi. Aussi
employa-t-on, pour arrêter le succès de leurs démarches
à Rome, des procédés que la justice ne ratifie pas. Le

31 octobre 1476, pardevant Pierre de Daillancourt, écuyer, garde du scel de la prévôté, comparut messire Jehan Jobert, prêtre de Saint-Jean-Baptiste, et il adressa les paroles suivantes à Guillaume Rivière, sergent royal au baillage de Sens (1) : « Guillaume, vous savez
« que l'autre jour en passant par Langres, je fus prins
« de par Monsieur dudit Langres, et constitué prison-
« nier par gens qui me détroussèrent et ôtèrent ma bou-
« gette en laquelle il y avait plusieurs lettres, copies
« de bulles et autres qui s'adressaient au roy nostre
« sire et à plusieurs autres en ce royaume, desquelles
« comme messaigier de nostre sainct père le Pape, je
« avais pour charge de les porter à ceux à cuy elles s'a-
« dressaient; et pour ce que j'ay entendu que ladite bou-
« gette et lesdites lettres et bulles, copies et autres sont
« entre vos mains, je vous requiers que les me rendez,
« afin que d'icelles je puisse accomplir la charge que
« j'en ai promise pardevant nostre dit sainct père le
« Pape; où, du moins, que des dites pièces estant en
« la dite bougette, vous me vouliez bailler inventaire
« au vray pour ma décharge envers ceux à cuy les dites
« bulles, lettres et autres choses venaient et se adres-

---

(1) Langres ressortissait alors du baillage et suivait la coutume de Sens. Chaumont, au contraire, était lui-même le centre d'un des baillages les plus étendus et avait sa coutume propre dont nous possédons deux commentaires, l'un par Jean Gousset (Épinal, chez Honion, 1623); l'autre par Juste de Laistre (Paris 1733).

« saient; car, ce ne fust l'empêchement et l'emprison-
« nement que l'on m'a fait audit Langres, comme dit
« est, d'icelles bulles, lettres et autres choses, ou de
« la plus grande partie, je fusse de cette heure déchar-
« gé; et me rapporte aux parties à cuy elles venaient,
« de poursuivre leur intérêt qu'ils en pourraient avoir,
« s'ainsy ne le faictes, à l'encontre de mon dit sieur
« de Langres, de vous et autres qui m'avez fait visi-
« tation, détrousse et emprisonnement. »

Guillaume Rivière répondit : qu'effectivement des gens de güerre lui avaient remis certaines lettres et bulles; qu'il les avait inventoriées en qualité de commissaire du roi; que ces pièces renfermaient des dispositions peu conformes aux ordonnances faites entre le roi et le Pape; que lui, Jean Robert, ne devait pas songer à reprendre son message dont le Parlement serait juge,

Il était urgent, pour l'édification des fidèles et le bien général, qu'une pareille lutte se terminât. Les chanoines cédèrent; la juridiction de l'évêque diocésain fut reconnue et il obtint la collation du doyenné rural que nous avons vu, dès l'origine, attaché à la cure. La mort de Montmirel avait laissé à Guy Bernard la victoire facile. Le Chapitre perdit son défenseur le 3 juin 1479.

L'évêque de Vaison légua aux chanoines un terrage de Villiers-le-Sec, et à l'église de Chaumont, un reliquaire en cristal contenant des reliques de Saint-Jean-Baptiste. Cette église conserve deux portraits de son bienfaiteur l'un : est suspendu à un pilier de la grande nef; l'autre est à la sacristie (1).

Montmirel fut un homme laborieux , savant, simple et désintéressé. Il refusa l'abbaye du Val-des-Écoliers, et l'on a remarqué qu'il n'ajouta rien , lorsqu'il fût évêque , au sceau dont il se servait n'étant encore que simple chanoine (2). Par dévotion envers Saint-Jean-Baptiste , il avait fait construire une chapelle en son honneur dans l'église Sainte-Marie-du-Peuple, à Rome. C'est là qu'il fût inhumé. Nous reproduisons l'épitaphe placée sur son tombeau :

JOANNEM DE MONTEMIRABILI HIC SEPULTUM ,

INTELLIGENTIA APOSTOLICUM ABREVIATOREM,

FIDES REFERENDARIUM SECRETUM ,

PROBITAS SIXTO 4° PONTIF. MAX. FAMILIAREM ,

RELIGIO EPISCOPUM VASIONEM FECIT.

QUIBUS PERFUNCTUS SEPTUAGENARIUS OBIIT,

3° JUNII ANNO 1479 : HÆC SI CONSIDERES ADMONENT.

Cette perte dut être bien douloureuse pour le Chapitre qui se débattit treize années encore , avant de mettre fin , par une transaction avec la ville , aux plaids et procès entamés depuis la bulle de Sixte IV.

Ce tant désirable concordat fut signé en 1492. Il ne

---

(1) La toile de ce dernier a été donnée par M. Emile Jolibois.

(2) Ce sceau représente trois niches gothiques et habitées, celle du milieu par la Vierge-Mère ; celle de droite par saint Jean-Baptiste ; celle de gauche par saint Mammès. Au bas, un chanoine, les mains jointes et en prière. Légende : *Jo. de Montemirabili cano. lingonen. decretor. Doctor.*

remplirait guères moins de vingt pages d'impression.
C'est pourquoi je me contenterai d'en extraire quelques articles renvoyés aux notes (1), et d'exposer la manière dont le Chapitre fut constitué, à partir de cette époque, jusqu'à sa ruine dans la Révolution de 89.

Le doyenné et les douze canonicats étaient des bénéfices sacerdotaux. L'ordre de la prêtrise exigé par la bulle de fondation, ne le fut cependant pas toujours par les électeurs qui, à différentes fois, choisirent des diacres, des sous-diacres et même de simples clercs, de préférence à des prêtres. Le seigneur de Sexfontaine, qui avait la collation d'un canonicat, y nomma longtemps de jeunes clercs. Cet usage amenait des difficultés qui déterminèrent le Parlement à décréter, en 1657, que le choix dudit seigneur devrait tomber sur un sujet actuellement prêtre, ou apte à le devenir dans l'espace d'une année.

Aux termes de la même bulle de fondation, tout chanoine devait être natif ou originaire de Chaumont, *natus vel oriundus de Calvomonte*. Le peu de clarté de cette dernière qualification fit porter plusieurs débats au Parlement, dont la jurisprudence fixa le sens d'*oriundus*. Antoine Rose avait pris possession du doyenné, en 1634, et cela contre le gré du Chapitre, qui lui opposa Jacques Gaucher, attendu que Rose n'était

---

(1) Notes à la fin du volume.

pas né à Chaumont, mais à Joinville. Le Parlement donna gain de cause à celui-ci, parce que ses ancêtres avaient occupé, durant plus d'un siècle, la prévôté de Chaumont dont il était conséquemment originaire. On n'excluait donc pas celui qui, né dehors de Chaumont, appartenait à une famille chaumontaise.

Le doyenné, première place du Chapitre, doit être considéré comme bénéfice électif à la fois et confirmatif. Le chapitre élisait ; l'évêque de Langres confirmait. L'usage était que les doyens attendissent, avant de prendre possession, qu'ils reçussent leurs bulles demandées à la cour romaine. Le trésorier vient après le doyen ; le troisième rang appartient au chantre ; le curé figure en quatrième ligne, depuis 1765 ; car, alors un canonicat fut affecté à la cure, auparavant fondue avec le doyenné.

La trésorerie et la chantrerie n'entraînaient pas d'avantages matériels ; et d'ordinaire, on les confiait aux plus anciens chanoines qui en prenaient possession sans aucune solennité.

Les élections se font par le Chapitre, de concert avec la ville. On présente de part et d'autre trois électeurs. Le doyen fait partie de droit des électeurs-prêtres. Les six votants se réunissent à la sacristie, jurent de choisir en conscience et ne sortent pas que le bénéficier ne soit nommé. Le vote se donne de vive voix. S'il arrive que, des six votes, trois tombent sur un candidat et trois sur un autre, on prend, dans le Chapitre ou parmi les habitants, un septième électeur qui, après avoir prêté serment, coupe court à l'indécision en se déclarant pour une des parties. Cet électeur-adjoint est alternativement nommé par le Chapitre et par le corps de ville.

En règle générale, le sujet sur lequel le choix s'arrête doit être chaumontais d'origine. Mais ce serait une faute grave d'oublier, en cette circonstance, que la vocation vient de Dieu, et qu'on n'improvise pas un digne chanoine en installant n'importe qui. C'est pourquoi les statuts dirigeant l'élection rappellent qu'il faut rechercher des sujets idoines, et que, si Chaumont ne paraît pas en offrir, il faut en demander ailleurs, et accorder, toutes autres choses égales, la préférence à ceux qui sont nés dans le voisinage de la cité.

Aussitôt qu'un chanoine est nommé, les électeurs le conduisent au chœur de l'église; le doyen proclame sa nomination et lui donne une sorte d'investiture en lui faisant sonner la cloche capitulaire. L'élu ne percevait aucun des fruits provenant de sa place, avant que la fabrique n'eût été par lui enrichie d'une chappe valant dix livres tournois.

Les revenus du Chapitre se partageaient en quinze portions; deux étaient au doyen et chacun des douze chanoines en recevait une. La quinzième était divisée entre les prébendiers qui furent, en dernier lieu, au nombre de trois. Ils étaient censés vicaires; l'un d'eux desservait Saint-Agnan (1).

____

(1) La petite église de Saint-Agnan est située au faubourg de la

Si un chanoine ou un prébendier voulait permuter ou résigner son bénéfice, il pouvait le faire, à la condition de présenter un successeur capable et agréé des collateurs, c'est-à-dire du Chapitre et des habitants.

Peut-être quelqu'un de ceux qui liront ces pages sera-t-il frappé du rôle que jouaient les laïques dans les élections aux charges ecclésiastiques; il se demandera peut-être, pourquoi, de nos jours, il n'en est pas de même. Et de fait, nous vivons dans un temps où plusieurs réclament l'intervention des séculiers dans les affaires du pouvoir spirituel. A cela je répondrai, en peu de mots, que les laïques se mêlaient des choses de l'église, non pas en vertu d'un droit inaliénable, mais par pure concession. On leur témoignait ainsi une reconnaissance bien méritée pour les sacrifices qu'ils s'imposaient, en dotant le Chapitre avec générosité. Et puis les sentiments d'une foi éclatante, la pratique ouverte des préceptes religieux, tenaient le pouvoir civil uni à l'église par un filial amour, et celle-ci, comme une bonne mère, traitait sans défiance, avec ses dociles et dévoués enfants. En sommes-nous là, aujourd'hui ? non, sans doute. Les mœurs ont bien

---

Maladière, non loin de la Marne. Son architecture annonce qu'elle a été bâtie au commencement du XIIIe siècle; mais sa vétusté apparente la fait remonter beaucoup plus haut dans l'esprit du peuple. Je noterai en passant que, depuis peu, les pieuses largesses de Mme Causard (de Reclancourt) ont beaucoup rajeuni ce monument à l'intérieur.

changé, et nécessairement avec elles, les rapports des deux puissances.

Pour qu'un chanoine obtînt l'entière jouissance de son canoniat, il devait résider à Chaumont, assister en personne à l'office canonical et, depuis 1485, avoir fait six mois de stage. On remarque avec plaisir que des règles fort sévères, et adoucies seulement pour les vieillards et les malades, mettaient les membres et les employés du corps capitulaire dans la nécessité de remplir leurs devoirs. Il est des lois, en dehors des lois civiles, que l'on observe mieux lorsqu'elles s'imposent avec une sanction dès ce bas monde. La raison en est dans l'humaine faiblesse qui empêche de fermer complètement l'oreille à la voix de l'intérêt.

Il y avait donc un chanoine nommé ponctuateur, et qui pointait ceux dont il apercevait les fautes contre les règlements et le cérémonial. On privait les coupables d'une partie du revenu ; on gourmandait les prében-diers, on les renvoyait aux basses stalles, et comme ils étaient amovibles, on les destituait au besoin.

Ces notions générales suffisent pour que nous entrions dans l'histoire du Chapitre. Je suivrai la marche des successions au doyenné, en rapportant par ordre chronologique les faits qui me paraissent intéressants et les anecdotes curieuses. Ce qui a trait à la diablerie est rejeté au Chapitre qui la concerne, et les diverses dates de constructions dans la partie moderne de l'é-glise sont aussi renvoyés ailleurs.

1er Doyen, *Etienne de Clamenges.* — La bulle qui

érigea le Chapitre en donnait en même temps les places au curé, Etienne de Clamenges, chanoine de Langres, archidiacre du Barrois, bachelier en théologie, et aux chapelains, dont on peut encore lire les noms, au grenier de la sacristie, sur une vieille planche qui désignait le *chorus* (1). Etienne fut doyen ; Ogier Collinet, trésorier; Simon Crolebois, chantre ; simples chanoines, Jacques Robelin, Jean Michelin, Pierre de St-Martin, Jacques Perrin, Jean de Gumont, Nicolas Malingre, Jean Jobard, Nicolas Rouyer, Pierre de Roocourt, qui permuta avec la cure de Soncourt, en 1487.

Les nouveaux chanoines, suivant que Sixte IV le leur accordait, prirent l'aumusse, des fourrures et des manteaux à l'instar des autres Chapitres (2); tinrent

---

(1) On voit dans certaines églises, à Langres par exemple, un écriteau plus ou moins orné, appendu à l'un des piliers du chœur et sur lequel on lit le mot CHORVS. Cet écriteau passe d'un dimanche à l'autre du côté où se trouve le chanoine de semaine, et où commencent les intonations.

Nous avons placé, à la fin du volume, les noms de tous les curés et doyens de Chaumont, depuis l'an 1212, jusqu'en 1849.

(2) *Canonicis dictæ ecclesiæ pro tempore existentibus, quod ipsi almutiis de pellibus variis et cappis, ad instar canonicorum et personarum aliarum collegiatarum, uti et illas deferre, ac in certo per eos ad hoc deputando loco se congregare, ad capitulum facere et celebrare, quoties eis opportunum vedebitur, nec non sigillum, arcam (trésor) et campanam capitularem habere.* — Bulle du 15 des cal. de Janvier 1475.

L'aumusse, depuis longtemps n'est plus qu'une riche bande

conseil dans la salle capitulaire et choisirent leur sceau.
Pour le dire en passant, ce sceau représente la décollation de saint Jean-Baptiste. Le corps du martyr est
gisant au seuil d'une prison gothique ; le bourreau
vient de séparer le chef du tronc (1). Le premier
doyen mourut le 23 août 1479. Il était parent de
Matthieu-Nicolas de Clamenges, chanoine de Saint-
Mammès, qui a laissé un nom célèbre dans la République des lettres.

2e Doyen, *Nicole de Laharmand*. — En élisant le
neveu de Montmirel, le Chapitre manifestait de la
reconnaissance envers l'oncle. Nicole fut, au reste,
recommandable à plusieurs égards. Bachelier en
théologie, chanoine de Laon et de Toul, il était instruit et vertueux. Il contribua beaucoup à mettre l'accord entre le Chapitre et l'évêque, par le concordat

---

d'hermine que les chanoines portent sur le bras, là où ils se
croient encore ce luxe permis.

Déjà l'aumusse en main, il marche vers l'Église. (BOILEAU.)

Dans l'origine, c'était un bonnet de pelleterie, on l'a ensuite
laissé descendre en forme de palatine, autour du cou et sur les
épaules. (Voyez Claude de Vert, Cérémonies de la messe. Tome
2, page 264.)

A Chaumont, les robes des bedeaux étaient rouge et bleu ; à
Langres, vert et rouge.

(1) On se procure assez difficilement cette pièce. J'en ai vu des
échantillons fragmentés aux archives de la préfecture et entre les
mains de M. l'abbé Petitfour, aumônier du collége de Chaumont.
Ils forment un ovale en belle cire rouge.

qui rétablissait la juridiction de celui-ci sur les chanoines. N'était-il pas juste, en effet, que Guy Bernard n'eût pas à souffrir d'une faveur que nous lui avons vu solliciter lui-même? C'est pourtant ce qui arriva lorsqu'il fut privé de son pouvoir sur le corps dont la création lui était due.

En 1482, le Chapitre, de concert avec la dame de Saint-Blin et de Baudricourt, régla que le chapelain du sépulcre serait admis pour toujours au nombre des chanoines. « Voulons et entendons que la dicte dame, ses hoirs et successeurs et ayant cause jouissent du dict droit de présentation, collation et nomination d'une chanoinie en la dicte église et chapellenie en la dicte chapelle, quant le lieu vacquera de celuy qui est à présent et a esté mis par la dicte dame, et ainsy subséquemment quant le cas adviendra et escherra, tout ainsy qu'elle eust faict et peu faire devant la dicte bulle de nostre Sainct-Père. Et afin que ce soit chose ferme et stable à tousiours, nous avons fait sceller ces présentes du scel de nostre Chapitre et signé de nostre secrétaire, le dernier jour du mois de novembre l'an mil quatre cent quattre vint deux. Signé en fin Malingre, avec paraphe et scellé de cire rouge. » Nicole mourut à Rome le 11 septembre de l'an 1500. Peut-être avait-il été appelé dans la Ville éternelle pour les affaires de la succession de l'évêque de Vaison (1).

____

(1) En 1484, Bernard-le-Barbier s'engage à faire la barbe des

3ᵉ Doyen, *Jean Travaillot*. — L'évêque Jean d'Amboise ayant permis de procéder à l'élection d'un doyen, Jean Travaillot fut nommé, le 15 octobre 1500. Il était chanoine et trésorier de la cathédrale de Langres. La peste faisait depuis plusieurs mois de grands ravages à Chaumont et dans une notable partie de la France. Pendant la durée de ce fléau, les chanoines, fort charitables d'ailleurs , ne payaient pas volontiers de leur personne. Ils s'assemblaient à Saint-Agnan, où ils se croyaient plus à l'abri des atteintes du mal. Travaillot résigna en décembre de la même année.

4ᵉ Doyen, *Pierre Hardy*. — Une fâcheuse division éclate. Le Chapitre, sans demander à l'évêque l'autorisation d'élire un chef, choisit Pierre Hardy, chanoine, garde des sceaux de Saint-Mammès ; l'évêque, de son côté, lui oppose un autre chanoine de Langres, Gilles Degié, qui triompha , avant la fin du procès, par la mort de son compétiteur.

5ᵉ Doyen , *Gilles Degié*. — Le Chapitre le nomma sans rancune, et Gilles garda sa place quarante années

---

chanoines, des prébendiers, et la couronne des quatre enfants d'aube , moyennant 4 livres tournois par an. — On voit par là que les enfants de chœur étaient tonsurés. En général, on remarque le plus grand respect dans les règlements du Chapitre, pour tout ce qui tient aux fonctions des Ordres mineurs. Les chapelains ne dédaignaient pas les plus humbles services. On comprenait que, dans le temple de Dieu, il n'y a pas de charge avilissante.

durant. Le diocèse de Langres fut illustré alors par deux grands évêques, Michel Boudet et le cardinal de Givry. Le premier donna à l'église Saint-Jean un magnifique exemplaire du missel qu'il fit imprimer à Paris. Nous reviendrons sur ce livre.

Malgré la guerre à jamais déplorable que suscita la révolte du connétable Charles de Bourbon, les arts et les sciences fleurirent dans nos contrées. Tandis que les hommes d'armes du comte de Guise se jetaient dans Chaumont pour défendre la place contre les Allemands du comte de Fustemberg, maîtres d'Andelot et de Montéclair, le chœur de l'église s'élevait sous la direction d'un simple maçon.

En 1528, la patronage de la chapelle de Notre-Dame-des-Couturiers fut cédé à l'abbé du Val-des-Couturiers par Jacques d'Arbout, religieux de Saint-Étienne de Dijon. La famille d'Arbout avait fondé cette chapelle sur laquelle nous ne savons rien autre chose. — Degié mourut en 1545.

6ᵉ Doyen, *Adrien Rose*. — Le cardinal de Givry (Claude de Longwy) était alors à Mussy-l'Évêque (1). Le Chapitre députe à ses grands-vicaires pour obtenir autorisation de nommer un doyen. Ceux-ci renvoient au cardinal. Mais les chanoines devinant là dessous une

---

(1) Mussy était une des résidences favorites des évêques de Langres. Claude Longwy la fit embellir. Jean VII d'Amboise, à la fin du siècle précédent, y avait fait exécuter des travaux importants.

mauvaise volonté, passent outre et proclament doyen l'un d'entre eux, Adrien Rose. Le cardinal, dans la crainte de laisser prescrire contre son droit, choisit François d'Amoncourt. Trop sage pour ne pas comprendre que l'on exigeait beaucoup des chanoines, ami de la paix et de la concorde, l'évêque ne poussa pas vivement son opposition ; et d'Amoncourt, qui était son parent, ne fut guère doyen que de nom, tandis que l'élu du Chapitre conserva le titre et la réalité.

7e Doyen, *Guillaume Rose*. — Neveu du précédent, Guillaume Rose lui succéda, et son élection, quoique faite sans l'aveu de l'évêque, fut ratifiée par les grands-vicaires. Cette condescendance plut tellement au Chapitre, qu'il résolut de s'adresser désormais au seigneur évêque, avant de procéder à la nomination d'un doyen. Cet arrêté fixait un point en litige ; car jusqu'ici les chanoines semblaient contester à l'évêque le droit d'intervenir dans les élections au doyenné, autrement que pour en confirmer le résultat.

Guillaume Rose a fait trop de bruit dans le monde ; son influence fut trop puissante sur le Chapitre et la ville de Chaumont, pour que j'hésite à raconter sa vie avec quelques détails. Cet homme célèbre a été jugé d'une façon contradictoire. Si Launoy en fait un pompeux éloge (*Hist. du coll. de Nav.*), de Thou et d'autres le peignent emporté par un fanatisme furibond. Nous croyons, nous, que les chefs de la Ligue ne peuvent être aujourd'hui facilement connus. Soyons défiants envers les historiens royalistes : ils ont vu les choses avec préjugés ; et les rois n'ont pas manqué d'anéantir, autant que possible, les écrits favorables à leurs adversaires (1).

Né à Chaumont, en 1541, de Jean Rose, prévôt, et de Claire de Gondrecourt, Guillaume fit de brillantes études au collége de Navarre, et suivit, en 1557, les leçons de philosophie de Jean Cottereau. Une place au Chapitre de Chaumont lui fut résignée, lorsqu'il était encore simple clerc. Ce fut une grande joie pour lui de monter, à Paris, dans la chaire de rhétorique; il avait le goût de la prédication, et s'efforçait d'acquérir l'art de l'éloquence. Après avoir étudié la théologie, il devint maître de conférences. En 1573, on le nomma doyen de Saint-Jean-Baptiste. Il était alors bachelier en théologie et chanoine de Joinville. Ses sermons lui avaient donné une belle réputation, avant même qu'il ne reçût, en 1576, le grade de docteur. Henri III le choisit pour prédicateur aux Etats-Généraux de Blois. On admirait la parole ardente et le geste entraînant de Guillaume. Il avait en chaire un franc-parler qui, dès ce temps, aurait pu le compromettre. « Le jour de carême-prenant, dit Pierre de l'Estoile, le Roy avec ses mignons furent en masques par les ruës de Paris, où ils firent

---

(1) Il n'y a point d'exagération en cette remarque. Tout le monde sait combien largement les ciseaux de la censure ont taillé dans les historiens les plus sincères et les moins passionnés.

mille insolences ; et la nuit allèrent roder de maison en maison, faisant lascivités et vilenies avec ses mignons frisés, bardachés et fraisés, jusques à six heures du matin du premier jour de carême ; auquel jour la plûpart des prêcheurs de Paris le blamèrent ouvertement. Ce que le Roy trouva fort mauvais, même de la bouche du docteur de Rose, l'un de ses prédicateurs ordinaires ; lequel il manda, et qui, après quelque difficulté, croyant qu'on le voulut maltraiter, se présenta à sa Majesté. Le Roy lui dit qu'il lui avoit bien enduré de courir dix ans les ruës jour et nuit, sans lui en avoir jamais dit ni fait aucune chose ; et que pour les avoir seulement couru une, encore un jour de carême-prenant, il l'avait prêché en pleine chaire, qu'il n'y retournât plus et qu'il étoit temps qu'il fût sage. Rose demanda pardon à Sa Majesté, qui non-seulement lui pardonna, mais quelques jours après, l'ayant envoyé quérir, lui donna une assignation de quatre cents écus « pour » acheter, lui dit le Roy, du sucre et du miel, pour » aider à passer le carême et adoucir vos trop aigres » parolles (1). »

Henri aimait son aumônier et le comblait de bienfaits. Grand-maître du collége de Navarre en 1583, Rose monta, l'année suivante, sur le siége épiscopal de Senlis. Il remit aussitôt le doyenné de Chaumont au Chapitre. Mais il ne cessa point d'entretenir des rela-

---

(1) Journal de Henri III. Collec. Petitot ; tom, 45ᵉ, page 251.

tions avec ses compatriotes. Plusieurs fois, les circonstances orageuses où nous allons le suivre, le ramenèrent au milieu d'eux.

Il me paraît que la seconde phase de la vie de Rose commence à l'époque où nous sommes arrivés. C'est alors qu'oubliant la bonté d'Henri III, il se lança dans le parti de la Ligue et combattit avec acharnement contre le roi. Il souleva Senlis autant qu'il fut en lui. Anquetil assure que cette ville demeura fidèle au monarque; selon d'autres, les troupes de la Ligue l'occupèrent en 1589. Chaumont ne tint pas contre les déclamations du fougeux orateur et entra dans la coalition, tandis que Langres la repoussait avec énergie. Tel fut le poids des volontés de Guillaume sur l'esprit des Chaumontais qu'il fit élever, bon gré mal gré, à la dignité de doyen, son oncle Alexandre de Gondrecourt, et, après lui, Noël Facenet chassé de Langres parce qu'il trempait dans la Ligue.

En 1589, l'évêque de Senlis consacra, dans un lieu désert, près de Chaumont, la chapelle de Saint-Roch. Elle fut bâtie pour des ermites de Saint-Augustin. Le Chapitre les nommait avec la ville. Le doyen leur donnait l'habit et ils faisaient serment entre ses mains. Ils portaient la croix dans les processions solennelles et aux enterrements, quand les chanoines y assistaient (1).

----

(1) La Révolution bannit de leur retraite les pieux solitaires ;

Revenu à Paris, Rose fut à la tête des prédicateurs qui enflammèrent si longtemps la capitale contre le Béarnais. Il se déchaînait en chaire à ce point qu'on l'a soupçonné de tomber parfois dans des accès de folie (1).

Les auteurs de la satyre Ménippée font souvent allusion à cette infirmité vraie ou supposée. Il est possible que le paroxysme de l'exaltation ait ressemblé chez lui à une espèce de folie, et l'on ne doit point s'étonner que les pamphlets du temps ne l'aient pas ménagé sous ce rapport (2).

---

et, depuis quelques années, l'édicule rendu méconnaissable est employé à des usages profanes.

(1) En 1587 avait paru un écrit satyrique intitulé : *Traité de l'altération du cerveau, à M. Rose.*

(2) « Le vendredi neuvième de ce mois (avril 1593), Rose prescha à Saint-Cosme que le Roy estoit un fils de.... et un bastard, et qu'il se vantoit d'estre descendu de la race saint Lois; mais qu'il avait menti. De quoi le comte de Brienne, qui assistoit à son sermon, ayant esté fort offensé, dit que sans le respect du duc de Maienne il l'eust poignardé au sortir de sa chaire; et que ce n'estait à faire à un homme de sa profession de dénigrer ainsi publiquement d'un roy, et imposer si vilainement à un peuple en une chaire de vérité. De quoi ledit Roze adverti alla trouver le comte de Brienne pour s'en excuser; lequel lui respondit qu'il y avait longtemps qu'on lui avait dit qu'il était un fol et qu'il l'excusait pour ce qu'il estait un badin. » On ne sait trop quelle créance mérite Pierre de l'Estoile, sale écrivain et prévenu contre le parti catholique. Il accuse les prédicateurs de la Ligue, et Rose en particulier « de vomir plus d'injures contre le roy que ne ferait une harangère assise sur son baquet lorsqu'on l'a mise en colère. » — Voyez collect. Petitot. Tome 46ᵉ, page 432, 169, etc.

Les principes politiques de Guillaume n'étaient pas contraires à la royauté; mais il entendait que le peuple est au-dessus du roi et peut le déposer. La loi salique lui était chère, et il ne craignait pas de lutter pour elle contre les prétentions des Espagnols. « Le dimanche 17 mars 1591, M. de Senlis qui preschoit dans Nostre-Dame, dit qu'il nous falloit avoir un roy, et que sans cela nous ne ferions jamais rien qui vaille; qu'il en falloit demander un à Dieu, non pas hérétique ni béarnois; il s'en falloit bien garder; ni aussi estranger ou hespagnol; mais un qui fust bon catholique du sang de France; et qu'il n'en falloit point d'autre. Ce qui estonna beaucoup de gens, car on n'avoit point encores ouï tenir aux prédicateurs ce langage (1). »

En 1593, il y eut une assemblée chez le duc de Mayenne où se trouvèrent des députés espagnols. On leur demanda quelques propositions à faire; et le duc de Féria de louer aussitôt les vertus royales de l'infante née de la fille de Henry II, ajoutant qu'on devait, dans l'intérêt de la France, la faire jouir de ses droits à la couronne. « A peine a-t-il fini son discours que l'évêque de Senlis, un des plus ardents de la Ligue, lui a dit d'une voix aigre et d'un ton élevé, qu'il reconnoissoit maintenant que les politiques avoient dit vrai dans le commencement de cette guerre, en publiant que l'intérest et l'ambition y avoient plus de part que le

____

(1) Op. cit. Tom. 46ᵉ, page 128.

zèle de la religion ; que depuis le commencement de la monarchie, la loi salique avoit été observée ; et que si on nommoit une femme, on court risque qu'elle ne soit transportée à des étrangers (1). »

Durant le siége de Paris, Rose ne cessa pas un instant de faire retentir aux oreilles du peuple le cri de la foi et de la liberté (2). La veille même de l'entrée de Henri IV, il s'engagea devant le cardinal-légat et l'ambassadeur d'Espagne, à prêcher, le lendemain, dans l'église Saint-André-des-Arcs, que le Béarnais était bâtard et inhabile à porter le sceptre.

Le bon Henri prit possession de sa capitale en père et non en vainqueur. Rose avait bien le droit de s'at-

---

(1) Journal de Henri IV. Mai 1593, page 414.

(2) Tout le monde connaît la fameuse et historique procession de la Ligue, décrite au commencement de la Ménippée. Si l'appareil était bouffon, les idées ne l'étaient pas. « Ce qui fust aussi tost dit, aussi tost faict : car monsieur Rose n'aguères évesques de Senlis (a) et maintenant grand maistre du collége de Navarre, et recteur de l'université, fit le lendemain dresser l'appareil et les personnages par son plus ancien bedeau. La procession fut telle : Ledit recteur Rose quittant sa capeluche rectorale, prit sa robe de maistre-ès-arts avec le camail et le roquet, et un hausse-col dessus : la barbe et la tête rasée tout de fraiz, l'espée au costé et une pertuizane sur l'espaule. » (Édition Labitte. 1841, page 14.) On lit plus loin la harangue mise par Rapin dans la bouche de Rose. L'ouvrage a été composé chez un langrois, Gillot, doyen de Saint-Mammès, puis chanoine de la Sainte-Chapelle.

(a) Ses biens avaient été séquestrés.

tendre à un traitement rigoureux : il fut renvoyé à son évêché (1). La clémence ne le convertit point, et, à la nouvelle de l'édit de Nantes, sa colère ne se contint pas. Il avait été l'un des premiers chefs de la Ligue, et il s'en glorifiait. Il était prêt à rentrer dans une semblable coalition qu'il appelait de ses vœux. Il fallut mettre une borne à tant d'excès. Le Parlement rendit, le 5 Septembre 1598, un arrêt qui condamna le rebelle à désavouer ses discours contre le Roi et les notes marginales écrites de sa main sur un libelle de Louis d'Orléans, intitulé : *Ludovici d'Orléans unius ex confederatis pro catholicâ fide, Parisiensibus adversùs unum ex sociis pro hœreticâ... postulatio.* Rose vint dans la Grand' Chambre faire amende honorable. Quelques-uns affirment qu'il était revêtu de ses ornements pontificaux, dont il refusa de se dépouiller. Il paraîtrait, d'autre part, qu'il fut déshabillé sur l'ordre de la Cour. Toujours est-il qu'il accomplit ces actes sans repentance aucune, et demeura jusqu'à sa mort ennemi d'un Roi qu'il avait combattu, protestant, et dont la conversion lui était suspecte.

On attribue à Guillaume Rose un libelle fameux, hardi pour le fond, très-habile dans la forme, et intitulé : *Liber de justâ reipublicæ christianæ in reges impios et hœreticos animadversione ; justissimâque catholicorum ad Henricum Navarræum et quemcumque hœre-*

---

(1) Collect. des mémoires. — Tome 47e, page 40.

ticum à regno Galliæ repellendum confederatione (Paris, 1590 ; Anvers 1592.). On le voit, il servit de la parole et de la plume, le parti qu'il avait embrassé. Nous le condamnerons sans doute pour avoir mis trop de feu à le soutenir. Mais, mon Dieu, quel étrange pouvoir n'ont pas sur l'âme, en temps de révolution, les passions politiques mêlées au sentiment religieux ! et la cause de la ligue n'avait-elle pas de quoi transporter un cœur généreux, une imagination brûlante ?

Rose ne serait pas à l'abri du reproche d'ambition, s'il était vrai qu'il eût mis en œuvre tous les moyens pour ravir l'archevêché de Paris au cardinal de Gondy. Il est certain, du moins, que ce dernier déplaisait aux Seize à cause de son attachement secret pour le roi, et qu'ils cherchèrent à le supplanter pour lui substituer l'évêque de Senlis. Enfin, pour ne rien dissimuler, nous dirons que cet homme de fer, à un âge où la vertu est fragile encore, n'aurait pas su toujours résister à des séductions d'un autre genre. (1).

On serait en droit de se former une autre idée de la vertu de Rose, s'il avait vraiment guéri, par un miracle, le fameux Bernard de Montgaillard. Il est dit, dans la vie de ce moine, plus connu sous le nom de *Petit-Feuillant*, qu'un catarrhe le suffoquait. Les jésuites engagèrent Rose à toucher la langue du ma-

---

(1) C'est ce qui donna lieu à une satyre obscène contre Rose et la fille du président de Nully. Paris, 1587.

lade. Il le fit en disant : *Ephpheta* (1) ; puis l'*ave maris stella* fut chanté. Dom Bernard, subitement guéri, prêcha le surlendemain à Saint-Jacques-de-la-Boucherie.

Comme nous, l'on regrettera que l'épitaphe gravée, à Senlis, sur le tombeau de Guillaume, ne soit pas aussi vraie de tout point pour l'historien, qu'elle est belle pour le littérateur.

Urna hæc laboribus sanctis confecti corporis D. D. Guillelmi Rose. Hic regibus christianissimis eloquentia carissimus, illa pietate simul singulari apud optimos quosque clarissimus, prisca nobilitate ab utroque parente oriundus, doctor theologus parisiensis, ecclesiæ silvanectensis episcopus absens creatur, quam 18 annis maxima regni tempestate gubernans sexagenarius ingenti Galliæ desiderio obiit.	Cette urne renferme les cendres d'un corps que seigneur Guillaume Rose a ruiné par de saints travaux. Bien-aimé des Rois très-chrétiens pour son éloquence ; très-illustre en même temps aux yeux des plus sages pour sa grande piété ; issu de père et de mère d'une antique noblesse ; docteur en théologie de l'Université de Paris ; il est créé sans sa participation évêque de l'église de Senlis. Il la gouverna 18 ans, durant les immenses malheurs du royaume, et mourut sexagénaire, amèrement regretté de la France.

Une table de marbre, encastrée dans un pilier, à l'entrée du chœur, reçut l'inscription suivante :

D. O. M. V. M. *D. Guillelmi Rose corpus hic quiescit.* *Primum sacræ theologiæ pa-*	A DIEU TRÈS-BON, TRÈS-GRAND. A LA VIERGE MARIE. Le corps de seigneur Guillaume Rose repose ici. Il fut d'abord

---

(1) Marc. ch. 7. v. 34. *Ephpheta quod est adaperire.*

risiensis doctor, decanus calvo-montis, ac regum christianissi-morum ecclesiastes, mox silva-nectensis episcopus ac regiœ Navarrœ summus moderator, absens electus. Vir antiquœ nobilitatis, probitatis avitœ, immensœ ergà ecclesiam et pauperes liberalitatis; religionis zelo, singulari doctri-na, eloquentia incomparabili, morum ac fidei integritate, ma-ximis denique pro ecclesia exant-latis laboribus, optimis quibusque carissimus, prœfuit silvanectensi ecclesiœ annos 18. Diem clausit œtatis sexagesimo. Antonius Rose ex fratre nepos carissimus, indi-gnissimus licet in episcopatu suc-cessor, mœrens, gemensque in resurrectionis fidem, gratitudinis specimen, ac memoriœ monimen-tum ponebat anno 1603.

Animam ejus Dominus Jesus beet gloria.

docteur de Paris en sacrée théo-logie. Doyen de Chaumont, au-mônier des rois très-chrétiens, et bientôt élu en son absence évêque de Senlis et premier di-recteur de la cour de Navarre. Homme d'une antique noblesse, d'une probité héréditaire, d'une libéralité sans mesure envers l'é-glise et les pauvres, il régit 18 ans l'église de Senlis; très-cher aux sages par son zèle pour la religion, par une doctrine sin-gulière et une éloquence incom-parable; par l'intégrité de la foi et des mœurs; par les très-gran-des fatigues, enfin, qu'il sup-porta pour l'église. Il mourut à 60 ans. — Antoine Rose, son bien-aimé neveu et successeur, quoique très-indigne à l'épisco-pat, éleva ce monument en 1603, dans le deuil et les larmes, en attente de la résurrection, com-me gage d'amour et pour servir de mémorial.

LE SEIGNEUR JÉSUS BÉATIFIE SON AME DANS LA GLOIRE! (1)

Antoine qui traça d'une main peu désintéressée des éloges si flatteurs, fut lui-même chanoine de

---

(1) Voir le *Gallia Christiana.* Tome X. *Ecclesia Silvanectensis.* — Guillaume Rose portait: *D'argent au chevron d'azur, deux roses en chef et un arbre de sinople en pointe.*

Chaumont et docteur en théologie de la maison de
Navarre. Théologal à Senlis, il en obtint le siége épiscopal après le décès de son oncle. Il fut sacré à Rome,
en 1602, par Clément VIII qui, étant légat, avait
reçu l'hospitalité dans le palais de Guillaume Rose.
Les démêlés survenus quatre ans plus tard entre Antoine, son Chapitre et la ville, le déterminèrent à
permuter son évêché pour celui de Clermont en Au-
vergne et l'abbaye de Saint-Mesmin. Paul V approuve
la transaction par une bulle datée du 15 mars 1610,
et Rose passe à son nouveau siége où les procès et les
amendes le poursuivent. Le Parlement le condamne
à envoyer une chappe à l'église de Reims, et, à celle
de Saint-Rieule, le drap d'or ou de soie que les évêques donnaient en signe de joyeux avènement (1). Il
mourut à Orléans le 31 janvier 1614. Nous avons
de lui le *Tableau de l'Homme-Dieu* ou *Mystère de
l'Incarnation*, divisé en deux parties, in-4°. Langres.

En 1574, les chanoines de Chaumont se plaignaient
de ce que les charges du Chapitre allaient croissant,
tandis que les revenus ne s'augmentaient pas. Ils
conclurent un traité avantageux avec les moines de
Clairvaux, ceux du Val-des-Écoliers et le prieur de
Buxereuilles. Dans le titre, les chanoines sont appelés

---

(1) *Damnatus est ad offerendum ecclesiæ sancti Reguli pannum
aureum vel saltem sericum offerri solitum pro jucundo episcoporum
adventu.* — *Gall. Christ.* Tome V. Col. 1446 et tome II, col. 299.

curés de la paroisse de Chaumont, Buxereuilles et Reclancourt (1). Ils venaient fréquemment au secours de
la ville en contribuant aux frais de guerre. En 1576,
par exemple, ils fournirent aux lansquenets qui défen-
daient Marcilly, dix setiers de froment, dix muids de
vin, deux cents livres de lard. D'abondantes aumônes
étaient versées par eux dans le sein des pauvres, et ils
enrichissaient peu à peu l'hôpital.

8ᵉ Doyen, *Claude Thomassin*. — Il succéda, en
1584, à son parent, Guillaume Rose, nommé évêque
de Senlis, et mourut en 1588. Cette année, le clergé
du bailliage de Chaumont fut convoqué afin de nommer des députés aux États-Généraux de Blois. Dans
l'assemblée, les chanoines de Saint-Jean laissent le
pas au Chapitre de Bar-sur-Aube plus anciennement
établi. Je cède au désir de montrer, par quelques-unes
des décisions prises en cette circonstance, quel était
l'esprit du clergé chaumontais en particulier. On verra
s'il négligeait les intérêts du peuple et si la majesté
royale lui en imposait. Les commissaires chargés de la
rédaction des demandes de la province, ont rayé plu-

----

(1) Le secrétaire de frère Aupin de Myre, abbé de Clairvaux, et
celui de Jean Tabourot, chantre, chanoine et official de Langres,
signent en fin, avec paraphe, et scellent de *cire verde* à doubles
queues pendantes. — *Color autem viridis in cerâ*, dit du Cange,
rem in perpetuo permansuram denotat. D. Mabillon. *De re diploma-
tica. Lib. 2. c. 16. p. 141.*

sieurs de celles qui avaient été faites à Chaumont ; elles n'en sont que plus intéressantes.

Après avoir inscrit le nom de Dieu en tête de ses remontrances, le clergé remercie le Ciel de ce qu'il a donné au roi la pensée de réunir les États, pour connaître les plaies du peuple et en faciliter la guérison ; « et si, comme nous présumons ses commencemens (de sa Majesté) ne sont comme ceux de Saül, tallonnez du malheur mérité par son arrogance et rébellion ; mais semblables à ceulx de David, lesquels premièrement malaisés et angoisseux furent récompensez d'un succès heureux et pacifique, nous ne révocquons en doubte que, par elle, Dieu ne donne en triomphe le repos que tant désirons.

« Et pour nous en assurer beaucoup, nous avons son humanité, mansuétude et débonnaireté déclarée par le désir qu'elle ha de congnoistre les maux qui nous oppressent, pour par sa prudence y apporter bon remède promptement.

« Qui faict que, comme si les maladies extrêmes contraignent bien les patients de déclarer la douleur qui les crucie aulx médecins, mais avec si mauvais maintien que l'on les dirait estre transportez vers des gondz de toute patience, aussin nos angoisses si grandes nous esguillonnent d'exprimer au vif la cause de nos douleurs.

« Que si nos termes ne sont si gratieux et notre patience telle que l'on la pourrait désirer, supplient très-humblement sa dicte Majesté de considérer le mal, et, par sa sagesse accoustumée, adviser plustost à

·y remédier que non pas à peser la rudesse de nostre langaige. »

A la suite de ce préambule, le clergé réclame, avant tout, « que le sainct concile de Trente soit publié et observé inviolablement, sans dissimulation ou acceptation quelconque soit. » Il en donne la raison : mépriser les décrets de l'Église, c'est exposer les nations au naufrage, c'est ôter le gouvernail à un navire.

Celui qui se déclare adversaire de l'Eglise sera, par le fait, incapable de porter la couronne ou d'en être officier. — La logique, l'intérêt du pays non moins que l'attachement à la religion voulaient cela. Ne jugeons pas de ce temps par le nôtre.

Les cours souveraines du royaume ne pourront rien contre les statuts des Etats auxquels elles sont inférieures, « d'aultant comme le tout est plus que chacune de ces parties. » — Ce raisonnement est juste et défend les faibles contre les forts.

Les états se tiendront de six en six ans, « Et au cas qu'ilz ne soient tenuz dedans les six ou sept ans, et que sa Majesté (que a Dieu ne plaise) ne veuille régir son peuple selon qu'auroit esté ordonné, statué et arresté aux estats précédents, *en ce cas ses subjects demoreront exempts, quittes et absoulz du serment de fidélité qu'ilz luy doibvent* » — Voilà la souveraineté du peuple. Les théologiens *du droit divin* n'étaient pas nés encore.

« Permission aussy sera faicte à la Champagne et Brie de se gouverner par Estats, en la mesme forme que au duché de Bourgongne. » — Dicté par l'esprit de liberté et de décentralisation.

« Et d'aultant que les Puissances ecclésiastique et civile jadis resplendissantes en ce royaulme, comme les deux grands luminaires au ciel, ont perdu leur clarté pour avoir esté l'une et l'aultre destituez de personnes idoines et capables du régime et gouvernement nécessaire, tant par la suppression des élections canoniques que par la vénalité des estats et offices, » supplient que le mal soit corrigé, les canons exécutés « sans aucune acception *de noble et non noble, ains seulement de capacité et incapacité.* — On est tenté de battre des mains. Pourquoi ne le dirais-je pas ? Cette merveilleuse époque de la Ligue me frappe à tout instant par ses ressemblances avec la République sans tache vers laquelle nous aspirons.

Que la simonie soit réprimée; que les simoniaques restituent. L'argent de la restitution sera employé aux frais de la guerre, aux réparations des édifices, au soulagement des pauvres. — C'est justice, patriotisme et charité.

On préviendra l'ignorance dans les bénéficiers, en leur faisant passer des examens « sans feinte et gratuitement, » par-devant les évêques assistés de docteurs en théologie.

Les ecclésiastiques ne feront pas le négoce, ne seront ni fermiers, ni domestiques des seigneurs. — Le clergé avait l'intelligence de sa dignité.

On combattra les amodiations de bénéfices, « estantz

par ce moyen le pauvre privé de son aumosne, et le peuple esgorgé par la durté de cueur des usuriers-fermiers. » Les pauvres et les soldats se partageront la somme du paiement des amendes encourues par contravention à cet égard. — Ces décimateurs n'étaient donc pas tous sans entrailles!

Viennent ensuite des vœux en faveur de la sanctification des dimanches et contre le blasphème; d'autres, relatifs aux biens ecclésiastiques et à la presse. — On invoque sur ces matières une pénalité rigoureuse qui répugne aujourd'hui, mais qui tenait aux mœurs et à l'ensemble des institutions anciennes.

L'Église n'aura pas à s'occuper des fortifications, garnisons, gens d'armes, guet et gardes de portes; « estant fort mal séant qu'elle soit plus asservie soubz un Roy chrétien qu'elle ne fut jadis sous un barbare égyptien; et que, pendant que Josué combat, Moyse soit empesché de prier pour lui; et que la saincte messe et service divin cesse à l'occasion des gens d'armes logez chez les curés et aultres gens d'église. » — C'était assez convenable.

On demande que les prêtres condamnés à mort ne soient pas rompus, parce que J.-C., dont ils sont ministres indignes, n'a pas voulu l'être (1). Que les évêques, archidiacres et promoteurs visitent les diocèses et punissent les prêtres coupables. Que nul

______

(1) *Ad Jesum autem cum venissent.. Non fregerunt ejus crura.* Joan. c. 20.

Ordre religieux ne s'établisse sans autorisation du pape.

Suivent des remontrances sur les hôpitaux et léproseries, et sur les universités. Les gradués en théologie sont destitués s'ils s'occupent de commerce ou « a mesner les forges. »

La justice fait pitié. Les magistrats et avocats laissent mourir les plaideurs et les ruinent avant de conclure sur leurs causes. Les places s'achètent et appartiennent à des gens ignares, aveugles et avares, qui volent pour payer ce qu'elles leur coûtent. Il faut pour le soulagement du peuple que le corps de ces officiers soit remanié. L'assemblée trace un plan de réforme, et termine en demandant l'allégement des impôts et la répression des excès que les nobles commettaient envers « les pauvres subjectz. »

9ᵉ Doyen, *Alexandre de Gondrecourt.* — L'évêque de Senlis, dont il était l'oncle, le présenta au Chapitre qui préférait Jean Deballavoyne, chanoine de Langres et prieur de Buxereuilles. Gondrecourt fut nommé : « à quoi lesdits du Chapitre furent contraints de condescendre, moitié par amitié, moitié par force, à cause des menaces, injures atroces et tanssons dont usait envers eux Monsieur l'évêque de Senlis, en pleine assemblée, à la présence des plus signalés habitants de la ville. »

Pendant ce doyennat, une succursale fut établie à Saint-Michel. Je suis persuadé que l'on nous saura gré de transcrire, en l'annotant, l'acte de fondation (si l'on peut dénommer ainsi cette pièce) où les couleurs du temps sont vivement empreintes.

« L'an mil cinq cents quattre vint et douze, le cinquiesme de janvier, pardevant nous Etienne Perret, escuyer, seigneur de Fresnoy, conseiller du Roy, lieutenant-général au bailliage de Chaumont, estant au donjon royal dudit Chaumont (1), devant l'assemblée générale pour la nomination et élection des officiers qui doibvent être pour l'année en ladite ville, serait comparu Frère Jehan Aymé, gardien des Cordeliers réfugiez en cette ville de Chaumont (2); lequel nous aurait présenté une requeste signée de luy, tendante à ce que, pour avoir plus de commodité de faire le service divin et vivre régulièrement selon leur ordre

---

(1) Ce donjon royal, où siègent aujourd'hui les tribunaux, sert encore de prisons. La chapelle, dite du Roi, où il y avait une Vierge miraculeuse, a été démolie à la Révolution. Elle tenait, par le côté du levant, à l'édifice actuel. Malgré les mutilations qu'il a souffert, il est encore beau avec ses arbres séculaires et sa tour de Haute-Feuille qui domine un vaste horizon. Plusieurs géographies citent comme remarquable la porte d'entrée en style grec.

(2) Ces Cordeliers avaient été chassés de leur couvent par les Huguenots qui saccagèrent alors nos contrées. On montre dans les bois, non loin de Marnay, les ruines du monastère, mais on ignorait, je crois, par qui jadis il fut habité. Les Vandales du XVIe siècle rasaient si bien les monuments, du fer et de la flamme, qu'on en perd la trace et le souvenir. Témoins encore les débris de la belle église tout récemment découverte à Reynel; sa propre poussière l'ensevelissait et l'on n'en soupçonnait pas l'existence.

qui doibt estre hors de toute fréquentation , il nous
pleust les accomoder de l'église Monsieur Saint-Michel
de ce lieu, ensemble et des bâtiments et dépendances,
attendant qu'ils puissent avoir lieu et place en ladite ville, où ils puissent avoir les aulmosnes volontaires, construire, édifier et bastir une église propre
à leur vaccation ; le tout à la multiplication du service
de Dieu , décoration de ladite ville et de toute la province. Laquelle requeste ainsy vueue par nous et que
lecture en a esté faicte publiquement par Mᵉ Pierre
Brissejeon nostre greffier, et que le peuple y assemblé
requesroit vouloir appuyer, disant tout haultement qu'il
« ne partiroit dudit lieu que nous n'y eussions ordonné,
« parce que ladite requeste était très juste et civille ,
« ne tendante qu'à l'augmentation de la gloire de Dieu
« et décoration de son église catholique, apostolique
« et romaine; que la chapelle où ils faisaient leur ser-
« vice estait trop petite, et non capable pour recep-
« voir les gens qui y alloyent avec dévotion pour assis-
« ter audit service; et que leurs prières apporteroyent
« un bonheur à ladite ville, et un accroissement au
« peuple du désir et affection qu'il a toujours eu à la
« religion catholique ; que c'estoit à Dieu seul à qui
« nous debvions la protection et sauve-garde de ladite
« ville, sans lequel nous travaillions en vain s'il n'es-
« tendoit la main : ce qui seroit fait par les prières des
« bons religieux , et par ceulx qui par leur exemple
« sont appelez à faire pareille dévotion et prières; que
« le lieu de Saint-Michel estoit fort propre et commode

« pour eux, puisque MM. les doyen, chanoines et
« Chapitre de l'église Monsieur Saint Jehan n'y vou-
« loient aulcunement entendre d'y faire une paroisse,
« pour décharger l'église de Saint Jehan de l'affluence
« du peuple qui y assiste, estant le peuple contrainct,
« ès bonnes festes de l'année, mesmement les diman-
« ches, estre une grande partie dehors de ladite église,
« pour n'y pouvoir tous entrer à cause de la presse ;
« que si lesdits Cordeliers font leur service dans l'é-
« glise Sainct Michel, une partye du peuple qui ne
« peut ouyr la messe au lieu de Sainct Jehan s'en ira
« audit Sainct Michel, selon que sa dévotion le con-
« duira et que leur esprit se guidera (1). »

« Et combien que nous leur ayons remonstré que
ce n'estoit à nous de pourveoir à telle chose, pour
estre un faict de spiritualité, et qu'il falloit recourir à
l'évesque pour y estre ordonné par luy ainsy qu'il advi-
seroit ; nous auroit été par eulx remonstré » que l'é-
« vesché estoit sans pasteur, l'évesque tenant le party
« de l'hérétique (2), et les autres ministres d'icelluy

---

(1) Voilà, il faut l'avouer, un peuple qui raisonne. Mais sommes-nous en progrès ? L'église Saint-Jean est maintenant assez
vaste : est-ce la religion ou la population qui a diminué ? Les
guerres avaient sans doute fait affluer à la ville une population
nouvelle.

(2) Cette fois, les chaumontais se trompaient. On pouvait
être français et catholique sans être ligueur. Au surplus le peuple, en déclarant l'évêque déposé, ne le déposait pas du tout. —

« évesché, estoient ès villes rebelles à l'Église, toutes
« excommuniées par nostre sainct Père le Pape; qu'à
« ce moyen, puisque tout résultoit au bien de l'Eglise,
« il n'y avait autant de danger les mettre en ladite
« église Saint Michel, le tout par provision, atten-
« dant qu'il ayt pleu à Dieu nous envoyer un évesque
« qui soit advoué et agréé par nostre dit sainct Père le
« Pape. »

A cela les magistrats répondirent qu'on ferait droit
à la requête du peuple, et que la desserte et les maisons de Saint-Michel appartiendraient aux Cordeliers,
si les chanoines y consentaient. « Le mesme jour,
continue Etienne Perret, environ l'heure d'une heure
après midy, estant allé à la porte de laditte ville, pour
cognoistre les gardes d'icelle, et nous promenant entre
les barrières et barres de ladite porte, seroit venu à
nous ledit frère Jean Aymé assisté d'un sien confrère,
lequel nous auroit dit en présence desdits gardes et de
plusieurs autres habitants de laditte ville, que suivant
le jugement rendu par nous audit jour, un grand nombre de peuple estoit venu en laditte chapelle, qui s'of-
froit à les mener et conduire en laditte église Saint

Il s'agissait de Charles d'Escars, prélat dévoué au Roi et qui faillit
payer ce dévouement de sa vie. C'est à lui et au célèbre magistrat
Jean Roussat, que Langres dut sa constante fidélité au monarque,
à une époque où le diocèse entier, les villes de Langres, Châteauvillain et Saint-Jean-de-Lône exceptées, avait déserté le parti
royaliste.

Michel, afin de les mettre en possession de laditte église; ce qu'ils n'auroient voulu faire sans notre permission et assistance ; nous suppliant à ce moyen les vouloir ayder et secourir de notre faveur, et les introduire par la voie de justice en la possession d'icelle église. A quoy nous avons fait réponse que ce n'estoit à nous de les mettre en possession ; que ce n'estoit la voye du Saint Esprit de s'entremettre à la possession des choses sacrées sans permission des supérieurs; que le peuple n'avoit cette puissance et authorité, que ce seroit une vraie intrusion s'ils y estoient entrez; que la dévotion paroissoit par l'humilité et non par l'orgueil; que toutes voyes de force sont deffendues ; qu'ils ne debvoient à ce moyen choisir telle façon de faire, s'ils vouloyent que l'on creut d'eulx que ce qu'ils en faisoient estoit pour la gloire de Dieu et augmentation du service divin et de son Eglise. »

Les moines reçurent en même temps l'ordre de se retirer et d'éviter ce qui pourrait occasionner un soulèvement dans le peuple. Ils venaient de recevoir une bonne leçon : elle honore ceux qui l'ont donnée; mais on déplore que des religieux se soient mis dans le cas de la mériter.

« Et ne furent pas plus tost lesdits gardien et son confrère partys, que voici venir à nous à laditte porte et au mesme lieu, noble et scientifique personne messire Alexandre de Gondrecourt, doyen de laditte église Monsieur Saint Jehan-Baptiste, assisté de messire Jean Fagotin, chanoine, et de plusieurs autres prestres,

tous vestus de surplis, qui nous auroient dit « qu'ils
« avoyent cogneu et entendu que le peuple désiroit d'a-
« voir une paroisse au lieu de Saint-Michel ; qu'ils la ju-
« geoient estre très nécessaire en laditte ville pour servir
« d'annexe à la paroisse de Saint-Jehan ; qu'ils estoient
« prêts de satisfaire à nostre jugement de ce jour, ne
« désirant rien plus qu'augmenter le service de Dieu,
« puisqu'ils voyoient que le peuple brusloit d'ardeur
« d'avoir une autre paroisse ; qu'ils ne vouloyent es-
« teindre cette chaleur pleine de dévotion, quelque
« labeur et travail qu'ils se proposassent davantage ;
« qu'ils avoyent différé de crainte qu'ils avoyent que les
« ouailles séparées en divers lieux ne donnassent occa-
« sion à plusieurs de s'absenter et excuser du service
« divin. » Le Chapitre offrait Pierre Piétrequin pour
curé de Saint-Michel et demandait à être mis en possession sur-le-champ. Il fallait que les chanoines fussent bien ignorants de leurs droits ou peu jaloux de les
garder, pour supplier le pouvoir civil de les installer
dans une église qui était sous leur juridiction.

Les magistrats firent une sage réponse : « auxquels
nous aurions faits responses que nous estions très
joyeux de les veoir simboliser en mesme affection et ardeur que le peuple ; que cette union ne pouvoit qu'apporter un grand bien à la ville ; que c'estoit un vray
moyen de conserver ce qui leur appartenoit ; que nous
n'estions prêts de les mettre en possession, pour n'estre personnes capables pour ce faire ; mais que bien
volontiers les assisterions à l'office qu'ils désiroyent

faire en laditte église, mesme à l'invocation du Saint-Esprit qu'ils avoyent volonté d'invoquer au commencement. »

Ils se dirigèrent alors vers Saint-Michel. Le peuple accourut de toutes parts et inonda l'édifice. Le doyen entonna le *Veni creator*, et l'hymne finie, annonça à la foule que Saint-Michel serait désormais desservi comme église paroissiale. Il en fut ainsi jusqu'à la Révolution (1).

10e Doyen, *Noël Facenet*. — Le 2 novembre 1592, Alexandre de Gondrecourt cessa de vivre. On s'occupait de lui chercher un successeur quand arriva un vicaire de Monseigneur d'Escars, Noël Facenet, que les Langrois avaient chassé de leur ville parce qu'il ne dissimulait point ses sympathies pour la Ligue. Aux yeux des Chaumontais, c'était un martyr; il souffrait persécution pour la justice. On lui tendit les bras, et bien qu'il ne fût natif ni originaire de Chaumont, la famille Rose aidant, il obtint le doyenné en vacance.

Facenet, certes, n'était pas de caractère à pacifier les esprits. Mais les évènements marchaient, et la réduction des grandes villes de France ne laissait plus d'espoir aux ligueurs. Le bailliage de Chaumont dut reconnaître le roi dans la personne de Henri IV. Des

____

(1) Saint-Michel a été démoli pendant l'hiver de 1800, par la volonté d'un homme qui réunissait, comme il arrive d'ordinaire, le mépris des arts à celui de la religion.

députés lui furent envoyés, et bientôt l'on reçut une parole de pardon et de bonne amitié émanée des lèvres du monarque.

En mai 1594, Henri donna un édit que la clémence lui inspira. Voici les dispositions qui concernent spécialement l'Eglise : La religion catholique romaine est la seule dont l'exercice soit permis dans l'étendue du bailliage de Chaumont. Nul ne pourra, s'il n'est catholique, être pourvu d'un bénéfice. Les anciens priviléges ne sont point abolis. A titre d'indemnité pour pertes éprouvées durant les troubles, les ecclésiastiques sont déchargés du paiement de certaines redevances depuis l'an 1589. Nul ne sera poursuivi pour délits antérieurs contre les droits royaux. Bref, il est convenu que le passé sera complètement oublié.

L'heure était venue pour Facenet de résigner un doyenné mal acquis. Au mois de septembre 1597, il agréa le successeur que les chanoines lui présentèrent.

11ᵉ Doyen, *Pierre Piétrequin.* — Ce très-digne prêtre, curé de Saint-Michel, fut doyen 35 années durant lesquelles le clergé changea de face, aussi bien que la ville. L'idée de la souveraineté du peuple s'était fait jour avec un vif éclat; elle disparaît, et, au lieu d'une population agitée, mue de son propre mouvement, nous avons une cité obéissant derechef à la volonté d'un monarque. La tranquillité ne pouvait pas être le fruit de la soumission. La lutte avec l'étranger n'était pas finie, et Chaumont, ville frontière du royaume, sise aux confins de la Lorraine et du théâtre de la guerre, devait beaucoup souffrir. Nuit et jour, les habitants gardaient les portes et les remparts. Des bandes armées ravageaient les pays circonvoisins. L'or et les promesses de l'Espagne fomentaient les troubles, soulevaient les seigneurs des marches de la Lorraine et de la Franche-Comté (1). La misère était grande à Chaumont. Les chanoines en adoucirent les rigueurs. On tenait, dans la salle située au-dessus de la sacristie, des assemblées de charité où l'on avisait aux moyens d'écarter les fléaux qui atteignent surtout les pauvres.

Il y eut un moment de répit dans les premières années du XVIIᵉ siècle. Comme après l'orage le sein de la terre se couvre d'une végétation nouvelle, nous voyons naître, d'un côté, les institutions religieuses, de l'autre, les institutions royalistes.

Animés d'un zèle édifiant pour leurs intérêts spirituels, les chaumontais demandèrent un couvent de Capucins. Guillaume Rose, dont la famille contribua beaucoup à cette fondation, fit accepter l'offre de la ville. Les moines de Saint-François qui rendirent dans

---

(1) Je citerai spécialement les seigneurs d'Aigremont, véritables vautours qui, du haut de leur forteresse, fondaient à l'improviste dans les plaines et ravageaient tout. En 1616, d'Andelot, lieutenant du Roi, et deux échevins, l'un de Chaumont, l'autre de Langres, décidèrent que ces villes paieraient 1,500 livres à la garnison logée dans ce repaire, afin qu'elle voulût bien épargner la contrée.

la suite, moralement et matériellement, d'admirables services à la population, furent installés, en 1598, par le R. P. de Champagny, plus connu sous le nom de *Bienheureux Père Honoré* (1). Les chanoines accueillirent en frères ces humbles coadjuteurs et les aidèrent de leurs aumônes.

Henri IV confirma, l'an 1600, les priviléges de Chaumont, et, en 1604, il y établit un maire, selon le désir des habitants : ils voulaient marcher sur le même pied que ceux de Troyes, Langres et Vitry. Le Parlement réduisit au silence le bailly qui ne voyait pas de bon œil grandir à ses côtés un magistrat presque rival. La mairie ne modifie pas sensiblement les relations de la commune avec l'église. Le concordat

---

(1) Un mot sur ce moine et le couvent dont il fut l'architecte. — Le B. P. de Champagny était de la famille des Bochard, illustre dans la magistrature et les lettres. Il est mort en odeur de sainteté, le 26 septembre 1624. Il a été béatifié. Le procès de canonisation fut entamé ; malheureusement, les os du moine avaient été changés de place, circonstance que la Cour de Rome, dans ses scrupuleuses investigations, regarde comme défavorable à la cause. La piété du peuple envers le Père Honoré n'en subsista pas moins jusqu'en 1790. On fêtait le jour de sa mort ; et, le soir, sur la place des Capucins, on brûlait un feu de joie en son honneur et aux frais de l'hôpital. Une maison près de l'église avait été habitée par le religieux ; la ville exempta cette maison de loger les gens de guerre. Ce privilége, à diverses fois confirmé par nos rois depuis Louis XIII, ne fut perdu qu'à la Révolution.

Le couvent des Capucins est habité en partie par les Sœurs de la Providence ; l'autre partie forme la salle de spectacle.

pour les élections subsiste ; la ville intervient dans le choix des prédicateurs de l'avent, du carême et de la fête patronale (1). Les marguilliers, malgré l'opposition de l'archidiacre, rendent compte à la mairie des biens temporels de Saint-Jean.

Lorsque l'on apprit, au mois de mai 1610, que la vie du roi était en danger, la ville prit le deuil, et l'on fit une procession pour implorer la divine miséricorde. Pendant les trois jours qui suivirent la nouvelle de sa mort, on célébra des services pour le repos de son âme ; une chapelle ardente fut dressée au milieu du chœur et l'on y exposa l'effigie du défunt. La charité chrétienne avait oublié les haines politiques.

Louis XIII, à peine monté sur le trône, garantit de nouveau les priviléges de la ville. Il avait pris en considération le fardeau de la guerre qui pesait sur elle. En 1616 et les années suivantes, les chanoines étaient, pour ainsi dire, sans cesse occupés à chanter des *Te Deum* aux premières lueurs de paix prochaine, et à implorer la miséricorde divine aussitôt que les espérances s'évanouissaient. Les alarmes

----

(1) En 1612, les chanoines avaient demandé Facenet pour prédicateur de l'octave de la Fête-Dieu et du Pardon ; la ville, pour conserver son droit, recourut à l'évêque. — En 1613, une délibération de la mairie vote des remercîments au prédicateur de l'avent et quelques mouchoirs pour étrennes, en attendant la reconnaissance ordinaire.

étaient incessantes. On ne sonnait plus la grosse cloche que pour le tocsin.

La peur de la peste se joignait à toutes ces angoisses ; car on avait appris que la contagion se manifestait
dans le voisinage. Les mendiants étrangers ne pouvaient pénétrer dans la ville. On leur distribuait aux
portes l'aumône des quêtes faites pour eux à l'église.

(1618.) Depuis plusieurs années, le Chapitre était
gravement préoccupé du projet d'introduire les jésuites
à Chaumont, pour leur confier l'éducation de la jeunesse. Le talent de ces habiles maîtres était connu de
la ville. On avait entendu prêcher, à Saint-Jean, plusieurs Pères de la Compagnie, et toutes les familles
désiraient mettre leurs enfants entre des mains aussi
sûres. Les autorisations du roi, de l'évêque, du général de la société furent obtenues ; et les religieux suc-
cédèrent, en 1618, au maître d'école que les chanoines rétribuaient avec la commune. La famille Rose fit
beaucoup de démarches et de frais pour l'installation
des disciples de saint Ignace, parmi lesquels elle comp-
tait un de ses membres qui fut, dans la suite, recteur
à Chaumont (1).

---

(1) Les lettres-patentes sont signées de la main de Louis XIII,
en 1617. Les archives de la préfecture ne possèdent pas de plus
beau titre que le diplôme donné à Rome par le général.

En 1762, lors de la persécution qui bannit les Jésuites, le collége fut dirigé par des laïques. Treize ans après, les prêtres de la
doctrine chrétienne y entrèrent sous la conduite du savant Père

Il manquait à la ville une institution parallèle à celle des Jésuites, une maison religieuse pour l'éducation des jeunes filles. Les chanoines s'en occupèrent, et, cette même année (1618), les Ursulines furent établies, grâce à la piété généreuse des demoiselles de Bourrat et de Briaucourt (1).

Barbe, né à Londres d'un protestant français réfugié. Les révolutionnaires Manuel et Dupont professèrent avec lui. Plus tard, il reçut du premier un passeport où Manuel attestait que le Père Barbe était *honnête homme quoique prêtre*. Ce Père parlait le français et l'anglais, le latin et le grec. Les vertus en lui l'emportaient encore sur la science.

Les bâtiments du collége ont été terminés en 1640. La chapelle est remarquable par la richesse de ses sculptures, par un magnifique rétable incrusté de marbre et qui tapisse l'abside entière. Magasin à fourrages pendant la Révolution, elle ne fut guères épargnée de la soldatesque. Mais l'incurie universitaire lui a fait plus de mal que les Vandales eux-mêmes. Les lézardes crevassaient les voûtes, les murailles s'en allaient... Enfin, on s'est décidé à conjurer la chûte par une barre de fer et des S. Les anciens bâtiments viennent d'être démolis, et la ville se ruine, on ne sait pourquoi, à en construire de nouveaux dans les conditions matérielles d'un collége royal, d'un lycée. Ne laissons point passer l'occasion de noter que Chaumont doit aux Jésuites sa plus haute illustration, peut-être : le Père Lemoine. Né à Chaumont, en 1602, il entra, en 1619, chez les Jésuites de Nancy qui développèrent ses talents poétiques. Ses nombreux ouvrages et particulièrement son *Saint-Louis*, révèlent un homme de génie. Les critiques s'accordent à dire qu'il se fût élevé, un siècle plus tard, au premier rang parmi les poètes français.

(1) Ce couvent a été fermé à la Révolution. Il est devenu prison, caserne, école mutuelle, école normale. Pour y loger l'Universi-

En 1623, le Chapitre traita de la fondation du monastère des Carmélites avec M. de Colligny, proche parent de l'amiral du même nom, marquis d'Andelot, seigneur de Dinteville et Lanty, lieutenant-général en Champagne. Humberte de Chatenay, épouse du marquis, contribua comme lui à ce pieux établissement. Ils s'engagèrent envers M. de Bérulle et les autres supérieurs de l'ordre, à verser la somme de 16,000 livres, pour l'acquisition des terrains et la construction des bâtiments et lieux claustraux (1). Le fils de M. de Colligny entra dans l'état ecclésiastique, et dit sa première messe à Saint-Jean-Baptiste.

Malgré les calamités publiques, Chaumont présentait sous certains rapports un aspect florissant. Ces communautés nouvelles lui donnaient de l'importance et de la vie. La jeunesse faisait des progrès dans les sciences, et la ville témoignait sa gratitude à leurs

---

té, il a fallu achever la ruine de l'église. Heureusement, on a sauvé les belles colonnes de marbre qui décorent la fontaine Bouchardon, et le superbe relief de l'Assomption, en bois, qui orne le maître-autel du collége. Cette Assomption est due au ciseau du père de Bouchardon, le célèbre sculpteur.

(1) C'est encore à l'époque néfaste de 93, que l'on arracha de leur asile les *victimes cloîtrées*. Le beau portail de la chapelle, les sculptures intérieures, les peintures des caissons d'un plafond qu'on admire encore, furent entièrement détruits. Hélas, fallait-il payer si cher les avantages de la Révolution ! — La préfecture occupe la maison mutilée des Carmélites.

excellents maîtres en augmentant les revenus de leur école. Les chanoines ne restèrent étrangers à rien de ce qui importait au bien de la cité. Jacques Gaucher, l'un d'entr'eux, avait accepté la chaire de philosophie au collége. Il publia *Le Tombeau de la Vertu*, in-4°, Chaumont, 1628.

Le maire et les échevins n'étaient pas toujours d'accord avec le Chapitre. Il est question alors d'un procès relativement à la possession des titres, ornements et reliquaires de Buxereuilles que la ville revendiquait. La mairie se montre parfois trop jalouse de ses priviléges et semble même outrepasser ses droits. Au mois d'octobre 1626, elle rejeta un prédicateur qu'elle avait nommé, parce qu'il avait répondu aux officiers chargés de lui notifier sa nomination : « Je prêcherai puisque le Chapitre me l'a permis. » Ces petits nuages, un peu de mauvais vouloir quelquefois, de part et d'autre, ne nous empêcheront pas de reconnaître que les magistrats étaient dirigés ordinairement par un bon esprit et l'amour de la religion. En 1627, ils travaillaient activement à obtenir de Rome les bulles d'indulgence pour la confrérie du Saint-Sacrement ; ils demandaient souvent des *Te Deum*, des services et des processions, ayant sans cesse devant les yeux cette Providence qui écoute avec bonté la prière de l'homme.

12° Doyen, *Jean Jobelin*. — Chanoine de Langres et de Bar-sur-Aube, Jean Jobelin, nommé au doyenné, ne se soucia pas de venir résider à Chaumont. Il résigna au bout d'un an, vers le mois de juin 1634. Nous n'avons rien à remarquer pour cette année, si ce n'est l'établissement de la confrérie du Rosaire.

On voit par les délibérations des échevins, que les gens d'église étaient dispensés, moyennant une contribution onéreuse, de monter la garde comme les autres citoyens le faisaient, dans la crainte des reîtres et des étrangers malades de la peste. On essaya de remédier à un inconvénient qui n'a point encore disparu aujourd'hui, en mettant à l'entrée des ruelles qui environnent l'église, des portes que l'on fermait à l'approche de la nuit.

13ᵉ Doyen, *Antoine Rose*. — Le résignataire de Jean Jobelin fut Antoine Rose. Le Chapitre le repoussa comme étant natif de Joinville et lui opposa Jacques Gaucher. Mais Rose obtint un jugement en faveur de sa propre cause; il démontra qu'il était originaire de Chaumont, attendu que sa famille, depuis plus d'un siècle, y remplissait des charges publiques. Il se maintint 36 ans au doyenné qu'il résigna dans le mois d'octobre 1670. La ville avait pris parti pour lui contre Gaucher. Aussi lorsque l'on vit circuler un libelle anonyme, intitulé *Le Miroir d'ingratitude*, et attaquant l'honneur des partisans de Rose, on n'hésita pas à désigner l'auteur. Ce livre fit du bruit et du scandale. La mairie laissa paraître sans doute un peu de rancune, en forçant les chanoines, nonobstant l'opposition de M. le marquis de Bourbonne, lieutenant du roi en Champagne, à venir, en personne, monter la garde de nuit. Il est vrai que les habitants en état de porter les armes y étaient tous obligés. Le cardinal de la Vallette, commandant les troupes royales, avait averti que la ville courait des dangers imminents. Les portes Saint-Michel et Notre-Dame étaient murées ; on préparait des fascines, et les moulins-à-vent, bâtis sur les remparts, réduisaient en farine le blé qui approvisionnait la ville en cas de siége. Le maire, pour avoir raison contre M. de Bourbonne, recourut au roi, qui laissa aux chanoines le choix entre monter la garde eux-mêmes, ou payer 5 sols à chaque fois qu'ils y manqueraient. Trois seulement optèrent pour la garde.

Le 3 juin 1636, ce ne furent pas les ennemis qui escaladèrent les murailles de Chaumont, ce fut la peste. Elle éclata parmi les prisonniers de guerre détenus dans les souterrains du donjon ; et, le surlendemain, on vit passer six cadavres que des prisonniers portaient en terre. C'était un coup de foudre. En peu de jours, le fléau avait moissonné les habitants par centaines. Les chirurgiens fuyaient. Je renonce à décrire l'épouvantable extrémité où la ville tombait. Ruinée par la guerre, jetée dans des transes perpétuelles et découvrant l'ennemi du haut de ses remparts, elle distribuait 800 livres de pain par jour, construisait à la hâte des loges pour les pestiférés à Chaumont-le-Bois, à la Maladière et dans la prairie, près du bois de Condes. On répandait des parfums dans les maisons où la contagion se manifestait. Si quelques pestiférés du dehors voulaient entrer dans la ville, on les en écartait à coups d'arquebuse ; ces malheureux ne pouvaient

demander l'aumône qu'à distance et en montrant une baguette blanche. En un mot, la désolation était à son comble. On fit vœu d'envoyer en pélerinage à Notre-Dame-de-Liesse.

C'est en pareilles circonstances que les prêtres doivent surtout se souvenir de leur vocation sublime. Quelle fut alors la conduite de ceux à qui Dieu avait confié la ville ? Les échevins demandèrent au Chapitre un prêtre pour administrer les mourants. Les prébendiers semblaient hésiter ; le doyen Rose et le chanoine Fagotin s'offrirent courageusement ; mais le prébendier Pierre Beaupoil voulut se sacrifier à leur place et il parut, de ce jour, au chevet des malades avec les PP. capucins Louis de Saint-Dizier et Fulgence de Chaumont. Leur dévouement fut au-dessus de tout éloge. On dut remplacer bientôt les deux premiers martyrs de la charité. Le P. Fulgence était infatigable et invulnérable. Il se multipliait. La ville ne savait comment lui témoigner sa reconnaissance (1). Le couvent des

----

(1) Par délibération en date du 31 décembre 1637, le conseil de la commune décrète « que le sire Pierre Cugny demeurera toute sa vie déchargé de garde sans rien payer, et de toutes charges publiques, attendu les services importants du P. Fulgence, son fils, qui s'est librement et charitablement exposé pendant deux ans. De quoy le général et le particulier de cette ville lui demeureront à jamais obligé, la compagnie regrettant de ne pouvoir faire d'avantage, à présent, ressentir ses sentiments de reconnaissance. Et sera le R. P. Provincial des Capucins, remercié à

Capucins se livra pendant deux ans à l'exercice des vertus chrétiennes envers les pestiférés. Les membres du Chapitre donnèrent aussi de nobles exemples ; mais il resta au-dessous de sa mission et peut-être du stricte devoir. Fatales conséquences de la désunion ! Le maire Paillot et les échevins d'un caractère hargneux ne cessaient de harceler les chanoines, de les condamner à des amendes exorbitantes. Le Chapitre ripostait, en faisant des processions générales, sans avoir averti les magistrats, Il y aurait eu quelque chose de mieux à faire (1).

En 1638, on solennisa la fête de l'Assomption avec une pompe extraordinaire, à cause du vœu de Louis XIII. Du reste, l'église Saint-Jean était réduite au point de mettre en vente ses reliquaires. Cinq ans après, elle put, néanmoins, célébrer dignement des services pour l'âme du monarque défunt, et fêter l'avènement de Louis XIV.

---

son premier voyage d'avoir octroyé à la ville le R. P. Fulgence, qui a si utilement servi sa patrie en cette occasion. »

(1) La peste, en ces années de sinistre mémoire, sévit aussi à Langres et dans nos campagnes qu'elle décima, ou plutôt qu'elle dépeupla. Combien d'églises comme celles de Brevoine sont pavées de tombes, portant la date lugubre de cette époque, avec l'inscription « ci-gît.... mort de contagion ! » Il y a des villages où les deux tiers de la population furent emportés. A Chaumont, un règlement de police défendit d'enterrer dans les églises et au cimetière ; on enterrait à Saint-Agnan, dans des fosses profondes de 7 pieds.

Le dimanche, 14 juin, à midi, les cloches de Saint-Jean donnèrent le signal et se balancèrent en volées. Les cloches de Saint-Michel résonnèrent au même instant, et celle des Capucins, des Jésuites, de Notre-Dame-de-Lorrette, de l'Hôtel-Dieu, des Carmélites, de Notre-Dame-de-Buxereuilles, de Saint-Agnan, des Ursulines et de Notre-Dame-du-Roi mêlèrent aussitôt leurs voix dans une harmonie saisissante (1). Les dernières vibrations frémissaient encore sur la ville, quand douze crieurs en robes et capuchons noirs se dispersèrent dans les rues, agitant des clochettes. Ils criaient : « Messieurs, vous serez advertis que les prières publiques et services solennels, suivant les ordres du roy, de la royne régente et de Monseigneur le révérendissime évesque, duc de Langres, pair de France (2), se célèbreront en l'église Saint-Jean-Baptiste, commenceront aujourd'hui après les vespres, et se continueront les quinze, seize et dix-septième du présent mois de juin, pour le remède de l'âme de très-haut, très-grand, très-puissant, très-excellent, tou-

---

(1) Notre-Dame-de-Lorette s'élevait hors de l'enceinte des murailles, au couchant, et au lieu dit des *Quatre-Vents*. On amoncèle les déblais des ouvrages qui se font à la ville, sur l'emplacement qu'elle occupa. Nous ne disons rien de la Madelaine, chapelle que l'on construisait, cette année même, au Val-des-Tanneries, et dont on voyait les ruines il y a seulement quelques années. Le pricuré de Saint-Luce n'existait pas encore (rue de Brabant).

(2) Sébastien Zamet.

jours victorieux et toujours auguste Louis-le-Juste,
treize du nom, très-chrétien roy de France et de Navarre, et de très-heureuse mémoire notre souverain
prince ; à ce que vous ayez à rendre en cette occasion
les debvoirs auxquels Dieu, la nature, les lois divines
et humaines vous obligent. » Pour les cérémonies
funèbres, des tentures noires garnissaient les chapelles des confréries, se déroulaient sur les tapisseries à
personnages qui ornaient le chœur et devant les stalles
de MM. les vénérables. Partout brillait l'écusson aux
armes de France et de Navarre ; le chantre le portait
à son bâton d'argent (1). On avait semé des larmes d'argent sur les parements noirs du maître-autel, et deux
cents petits cierges scintillaient autour de l'effigie du
défunt, posée sur le jubé. L'oraison funèbre fut pro-
noncée par l'abbé de Gastonville, précepteur des
enfants de Monseigneur le marquis de Bourbonne,
lieutenant du roi. La grand'messe de *Requiem* fut chantée en musique. Le présidial, le corps de ville, ceux
de la prévôté, des eaux et forêts, de l'élection et gre-
nier-à-sel et les chefs de quartier assistèrent aux offices. La messe du troisième jour fut dite par messire

---

(1) Les bâtons de chantres ne sont plus en usage que dans quelques églises. Autrefois on ne s'asseyait pas durant les offices ; on
ne voyait dans les églises ni bancs, ni chaises. Les hommes, debout dans les nefs, s'appuyaient sur un bâton. De là le bâton des
chantres. (Voyez Grancolas. *Traité de l'Office divin*, p. 260. Paris,
1714.)

Laurent, conseiller et aumônier du roi, abbé du Val-des-Ecoliers et général de l'ordre. Il portait la mitre et la crosse. Le soir, à vêpres, on chanta le *Te Deum;* le doyen cria : Vive le roi ! Le peuple répondit : Vive le roi ! Les canons des bastions retentirent ; et, à la nuit close, la foule, un instant, oublia sa misère au spectacle d'un feu d'artifice.

Nous ferions l'histoire de la contrée par celle des *Te Deum* et des *Requiem* qui se chantaient tour à tour à Saint-Jean-Baptiste. La guerre était à nos portes, l'armée logeait dans nos faubourgs. Par bonheur, le roi dispensait la ville de tenir garnison. Chaque jour on apprenait la nouvelle d'un succès ou d'un revers ; et, alors, les cloches se mettaient en branle pour un glas ou pour un carillon.

Le mardi, 27 juin 1645, ce fut un glas qu'elles tintèrent. Cinq cents hommes, piques et mousquets traînant, sortaient des barrières Notre-Dame. Les tambours voilés de deuil rendaient de sombres roulements. Le Chapitre précédé de la croix vint en procession jusqu'au faubourg. Là, il reçut le corps de M. de Magalotti, « Baron romain, chevalier de Saint-Jean-de-Jérusalem, maréchal de camp, commandant l'armée de Sa Majesté, au blocus et siége de Lamothe, lequel, après avoir fait les lignes de circonvallation, parachevé les tranchées, fait brèche aux murs, donné plusieurs assauts, à la veille de triompher, fut blessé d'un coup de mousquet à la tête en visitant les tranchées et travaux des ennemis, le mardi, 20 juin ; de laquelle blessure, il mourut le jeudi suivant , après avoir déclaré qu'il voulait être inhumé à Chaumont. »

« Il fut amené dans son carosse , accompagné de son aumônier , de ses gentilshommes et autres de sa suite , et escorté d'infanterie et de cavalerie. Il fut conduit en notre église, porté par les P. Capucins et déposé au milieu du chœur où , après avoir chanté en musique le *De Profundis* et le *Libera* , on le laissa à la garde de Dieu jusqu'au lendemain , où MM. de Ville et autres corps d'icelle se rendirent avec MM. l'aumônier et autres de la suite dudit seigneur , à sept heures du matin , pour faire le service solennel. Rien ne manqua à la pompe et à la magnificence des obsèques. Le discours funèbre fut fait par M. Etienne Fagotin , chanoine , qui réussit à l'honneur du défunt et à la satisfaction de ses auditeurs. »

« Le corps fut ensuite porté , couvert d'un drap de velours noir croisé de satin blanc , dans l'église des Capucins où resta le corps en dépôt, jusqu'à ce qu'il plût à Sa Majesté donner ses ordres pour le lieu de la sépulture. Le jeudi, 3 aoust, en vertu des ordres du roi , envoyés aux Capucins , et obtenus par M. Fleury, procureur du Chapitre, le corps de M. de Magalotti fut rapporté de l'église des Capucins en la nôtre , par MM. du Chapitre, en observant les mêmes cérémonies que lorsqu'il y avait été conduit; et , ensuite , il fut déposé dans le caveau , près du sépulcre. » La tête de Magalotti a été reconnue dernièrement au trou de la balle qui l'avait percée. On l'a mise dans le caveau, sous une cloche de verre. Cet officier était parent du cardinal Mazarin qui, en cette circonstance, écrivit au Chapitre une lettre qu'on peut lire aux notes.

Lamothe prise, on alla en procession rendre grâces à Dieu, dans la chapelle du roi. C'est ainsi que, durant ces jours de troubles, la joie et le deuil se succédaient. Les pauvres gens mouraient de faim; mais les officiers du roi, que la guerre amenait à Chaumont, n'en donnaient pas moins des bals et des fêtes aux dames de la ville. Vous eussiez entendu le bruit confus des rires et des sanglots.

Les chanoines prenaient des mesures pour le soulagement des malheureux; ils avancèrent parfois de l'argent à la commune pour qu'elle fût en état de faire face à des charges accablantes.

En 1654, le prédicateur du carême mourut à Chaumont et fut enterré dans la chapelle du Rosaire. C'était le R. P. d'Argombat, jacobin, renommé pour son éloquence et la sainteté de sa vie. Le Chapitre et la ville lui firent d'honorables funérailles.

Les prédicateurs des années suivantes furent des Jésuites ou des Capucins. La mairie se plaignit à l'évêque, Louis Barbier de la Rivière, de ce que ses vicaires ne ratifiaient pas assez facilement les choix faits à Chaumont (1). Mais, pourquoi s'obstinait-on à élire

---

(1) Louis de la Rivière visita l'église de Chaumont, la première année de son épiscopat. Il fut charmé de la réception qu'on lui

des prêtres qui, comme le P. Hilarion, capucin, refusaient de signer des propositions contraires aux erreurs jansénistes ?

En 1659, le chapitre n'appuya pas une tentative des Récollets qui tentèrent vainement de fonder une maison dans un des faubourgs. Les Jacobins avaient été autorisés à ouvrir un cours de philosophie. Le père Mazenod, professeur, vint à la chambre de ville et loua les magistrats en latin ; le maire répondit en cette langue : ce qui me porte à croire que les lettres fleurissaient alors à Chaumont, mieux, peut-être, qu'au siècle des lumières.

M. Labbe, maire, annonça à la ville, le 17 février 1660, la plus heureuse nouvelle, sans contredit, qu'il put lui apprendre : celle de la paix avec l'Espagne. Ce fut une explosion de joie. On remit la fête au dimanche ; mais l'artillerie et les trompettes, les tambours et les cloches n'avaient pas attendu jusques-là pour proclamer le joyeux évènement. Le dimanche, à la pointe du jour, vingt-deux canons tonnaient sur les remparts ; huit tambours, quatre trompettes et les cloches remplissaient l'air d'un concert d'allégresse. A neuf heures, les trompettes, ébranlant les voûtes de Saint-Jean, sonnaient la marche royale, tandis que les corps constitués défilaient dans les nefs. Le présidial arrivait au

---

fit. En pareil cas, le Chapitre et la ville se montrent toujours généreux et d'une courtoisie exquise.

son des hautbois. Les tapisseries étaient tendues. Sur le jubé, on contemplait le portrait du roi, protégé par un dais de velours rouge, semé d'étoiles d'or. Après la messe, le doyen fit les ostensions.

Le soir, une foule immense chanta le *Te Deum*, avec accompagnement d'orgues et de salves de mousqueterie. On fit couler le vin dans les rues ; les gâteaux volaient des fenêtres de la mairie. La nuit n'arrêta point les transports de bonheur ; de brillantes fusées et les flammes du feu de joie dissipèrent ses ténèbres. Aux mois de mars et de novembre, il y eut un écho de cette grande fête dans les réjouissances pour le mariage du roi et la naissance du dauphin (1).

En février 1665, le Chapitre et la ville prirent part à une remarquable solennité religieuse : je veux parler de la translation des reliques en la chapelle Saint-Luce, fondée, l'année précédente, par le chaumontais Jean Laborne, demeurant à Rome où il était diacre et porte-croix du Souverain Pontife. Ce monument en forme de rotonde, flanqué de deux petites tours surmontées d'une balustrade, était à la fois une chapelle et un gentil bijou de la Renaissance : double raison, pour les révolutionnaires brutaux, de n'en pas laisser la trace. On a sauvé seulement plusieurs tableaux

---

(1) Diverses réceptions faites, vers ce temps, à des personnes de qualité, nous apprennent que les hôtels de la Fleur-de-Lys et de la Fontaine existaient déjà.

que nous retrouverons à Saint-Jean. Laborne réserva pour sa famille la collation de cette chapelle.

Une cérémonie analogue à la précédente eut lieu en 1665, pour la translation des reliques qui sont aux quatre bustes de saint Jean-Baptiste, de saint Joseph, de saint Aignan et de saint Bernard. L'abbé de Clairvaux avait envoyé un petit os de saint Bernard avec un morceau de sa cuculle; on avait obtenu du Chapitre d'Orléans des reliques de saint Aignan. Celles des autres saints provenaient des reliquaires anciens. L'église possède encore ces restes sacrés que l'on porte en certaines processions. A celle dont il s'agit, les rues furent tapissées; quand le cortége traversa la place, en venant de Saint-Michel, six coups de canon furent tirés, et deux, lorsqu'on toucha le parvis de Saint-Jean-Baptiste.

En 1667, les sergents de la ville demandèrent à établir et à entretenir une confrérie à leurs frais. On leur accorda la chapelle des Fonts (1).

14ᵉ Doyen, *Nicolas de Poiresson.* — Il accepta le doyenné d'Antoine Rose, et prit possession, le 12

---

(1) Sur la foi de M. Mathieu (*Biographie des Hommes illustres de la Haute-Marne*), nous avons attribué, page 74, à un autre Antoine Rose, l'ouvrage de celui-ci. Le 13ᵉ doyen est auteur de l'*Homme-Dieu*, ouvrage qui se distingue par un bon fonds de théologie, un style naïf et des idées souvent pointilleuses. La découverte que nous avons faite d'un exemplaire de ce livre rare, nous a permis de corriger une erreur.

novembre 1670. Cette même année mourut Barbier de la Rivière. Son successeur, Armand de Simiane de Gordes, convoqua en synode, à Chaumont, tous les prêtres des doyennés de Chaumont et de Bar-sur-Aube. Il avait désiré faire son entrée sans éclat. Le Chapitre et la ville pensèrent autrement, et il fut reçu avec les marques de l'honneur et du respect. Que l'on me permette à ce propos une petite digression.

Les anciennes géographies, je ne sais si mes compatriotes l'ont remarqué, glissent toujours, dans les quelques lignes consacrées à Chaumont, cette observation flatteuse : *Les habitants sont honnêtes et polis* (1). En composant cette notice, j'ai lu mille petits faits qui m'expliquent ce témoignage singulier. Passait-il non loin de Chaumont un prince du sang, un personnage considérable ou seulement distingué : aussitôt on députait le maire et les échevins pour le saluer. Voulait-il honorer la ville de sa présence : alors la cavalerie allait au-devant de lui; on lui présentait les Vins de ville et, parfois, les clefs; on défrayait sa maison pendant son séjour. Les chanoines, de leur côté, venaient faire la révérence et offrir les Vins du Chapitre. Si parmi ces hôtes se trouvait quelque puissante dame, on la priait d'agréer des boîtes de confitures, de jolis florins d'or

---

(1) Voyez, par exemple, les anciennes éditions de Vosgien; et encore l'*Histoire de Champagne* de Baugier; le *Dictionnaire* de Lamartinière, etc...

de bon aloi, etc.; puis on lui faisait le bal, comme disent les registres de la mairie.

Cinquante cavaliers allèrent donc à la rencontre de Simiane de Gordes, ainsi que deux échevins et quatre chanoines. Douze bourgeois s'avancèrent en carosse jusqu'à Chamarandes. Les chevaliers de l'arquebuse faisaient la haie à la porte Saint-Michel, et, sur la place, un bataillon attendait sous les armes. L'évêque, auquel on avait offert les clefs, fut harangué par le doyen, en étole et en chappe, puis conduit chez le maire, M. de Poiresson, où il logea. Les jours suivants, il tint synode, donna la tonsure et le sacrement de confirmation (1).

Les habitants de Chaumont se plaignirent, en 1673, de ce que le nombre des prêtres qui entendaient les confessions était insuffisant pour la ville. Le maire et les échevins décidèrent (autres temps, autres mœurs!) que l'on s'adresserait au Chapitre des Capucins assemblé à Saint-Dizier, afin d'obtenir que les moines de cet Ordre établis à Chaumont fussent autorisés à ouïr les confessions (2).

---

(1) En 1672, les sœurs de la Charité entrèrent à l'hôpital.

(2) Pendant le doyennat de M. de Poiresson, un service fut célébré, à Saint-Jean, pour Jean-François Senault, dont la famille était originaire de Chaumont. Senault, prêtre d'une haute capacité, mourut supérieur-général de l'Oratoire. En ce même temps, Chaumont donnait encore à l'église un homme distingué : Charles-Bonaventure Minault, qui fut vicaire-général de l'ordre de Citeaux

15ᵉ Doyen, *Alexandre Legras.* — Legras était chanoine depuis plus de soixante ans et il avait la charge
de trésorier. Élu le 18 juin 1704, il permuta, au mois
de juillet 1707, avec François Simon, prieur de Chancourt.

16ᵉ Doyen, *François Simon.* — Il a joui du doyenné pendant la première moitié du XVIIIᵉ siècle. Simon
termina une affaire commencée sous son prédécesseur
et hérissée de difficultés : le changement de disposition
à opérer dans le chœur de Saint-Jean-Baptiste. L'évêque Louis de Clermont-Tonnerre visita l'église à ce sujet, en 1706, et arrêta, de concert avec J. B. Bouchardon, le Chapitre, le maire et les échevins, les mesures déplorables que le goût de ce siècle inspirait. Elles
seront mentionnées ailleurs.

En 1714, le Chapitre reçut la démission de l'abbé
J. F. de Pons, dont le père était chevalier d'honneur au
présidial. Le fils avait pris ses grades en Sorbonne, après
avoir fait ses premières études chez les Jésuites de Chaumont, et sa théologie au séminaire de Saint-Magloire,
à Paris. Il acquit de la réputation parmi les hommes de
lettres.

Le jansénisme agitait alors les esprits, troublait l'E-
glise et les consciences. Messeigneurs de Clermont-

---

pour la province de Bourgogne, et ensuite pour celle de Champagne. Il fit reconstruire le monastère de Vaux-la-Douce dont il était
abbé.

Tonnerre, de Pardaillan et de Montmorin luttèrent contre cette hérésie dont le venin s'infiltrait avec une infernale adresse, jusque dans l'enseignement donné au séminaire par les Oratoriens. Les Génovéfains du Val-des-Écoliers étaient imbus des erreurs de Jansénius et ils firent plus d'une tentative pour précipiter dans le parti les chanoines de Saint-Jean. Ceux-ci déjouèrent l'habileté des sectaires, et ce ne fut pas une faible consolation pour Monseigneur de Montmorin, lorsqu'il visita son diocèse, en 1737, de voir que les loups n'avaient fait aucun ravage dans cette partie de son troupeau. Les prêtres jansénistes en étaient furieux. Mahudel, chanoine de Langres et appelant de la bulle *Unigenitus*, écrivait de dépit : « On sait qu'à Chaumont, les chanoines ont donné par écrit, et, à ce que l'on croit, imprimé qu'ils faisaient profession d'une parfaite ignorance : c'est le pont sur lequel ils ont passé pour éviter le naufrage de la constitution » (1).

Nos chanoines assuraient apparemment qu'il y avait une chose plus claire que les subtilités de la secte sur la grâce et le libre arbitre, à savoir la décision du pape. Du reste, on se rendait malice pour malice ; et loin de convenir que leur obéissance à l'Église fût le fruit de l'ignorance, les chanoines, parlant de la faveur dont le roi entourait les Jésuites et de sa sévérité pour les Jansénistes, disait, avec un spirituel calembourg :

---

(1) Journal manuscrit, par Mahudel.

« Le roi n'accorde rien à la *grâce*, et tout au *mérite*. »

Afin de préserver les fidèles du mortel poison de l'hérésie, on choisissait des prédicateurs d'une orthodoxie éprouvée. Nous distinguons parmi ceux que les Chaumontais entendirent plus souvent, ces années-là, le P. Aimé, capucin. On courait en foule à ses sermons. Ses idées bizarres, la singularité de son humeur n'empêchèrent pas qu'il ne produisît du bien. Cependant on raconte plusieurs traits où il passa les bornes du genre familier, et qui, s'ils sont bien authentiques, le rendent dignes de figurer à côté du Petit-Père-André, dans la galerie du *Prædicatoriona*. Un jour il s'avisa, prêchant la Passion, de s'écrier que Notre-Seigneur avait reçu deux mille coups de poings bien comptés, et il trouva piquant de les faire retomber sur son auditoire. Voici le partage : « Cinq cents sur ces coquettes dont les minauderies causent la perte des âmes ! cinq cents à la police dont les officiers m'entendent, eux qui, pour des épices et du poisson, font les aveugles et rendent la justice à rebours ! à qui donnerons-nous les cinq cents autres? aux maltôtiers qui ne manquent point parmi vous ! » Les officiers de police l'arrêtant à la descente de chaire : « Révérend Père, lui dirent-ils, vous avez gardé cinq cents coups de poings pour vous; vous mériteriez qu'on vous les administrât. »

En 1747, Chaumont fut affligé par la famine. Les chanoines n'oublièrent pas leurs devoirs : ils votèrent une somme de 1,200 livres pour subvenir aux souffrances des pauvres, et ajoutèrent à d'autres fondations semblables, celle d'une aumône perpétuelle de 50 livres de viande et de 50 livres de pain.

17e Doyen, *Alexandre-Nicolas Husson de Sampigny.* — Résignataire de Simon, il quitta la cure de Villiers-le-Sec et prit possession du doyenné en 1751. Son administration fut pleine d'activité. Il se consacra tout entier à faire fleurir la piété dans son église et à régir, selon les lois canoniques, les biens temporels qui en dépendaient. Le séminaire possède un Pouillé du diocèse rédigé par Husson de Sampigny. L'auteur commet des fautes dans la traduction en latin du nom des villages et des localités; néanmoins cet ouvrage a du prix, parce que, d'ailleurs, il n'est pas dépourvu d'exactitude et qu'il nécessita des recherches pénibles. De Sampigny mourut en 1764, au moment où l'on réparait, sur un plan pitoyable, la belle sacristie de Saint-Jean-Baptiste.

18e Doyen, *Joseph-Louis Perny.* — Élu en 1764, Louis Perny ne prit possession, comme la plupart de ses prédécesseurs, qu'après avoir obtenu à Rome une bulle confirmative de son élection. Le Pape Clément XIII la lui délivra, et, le 21 février 1765, l'officialité de Langres la fulmina. Le Chapitre renfermait alors de saints prêtres qui, après avoir lutté contre les efforts des incrédules pendant de longues années, devaient prendre le chemin de l'exil, pour échapper à la mort qu'une Révolution sanguinaire allait suspendre sur leur tête. Mais, avant d'aborder ce terme fatal, il nous faut assister à l'assemblée des trois états du bailliage, tenue à Chaumont en 1789 (1). Elle fut convoquée, au nom du roi, par messire Galiot-Jean-Marie Mandat, grand-bailli d'épée. Louis-Marie Rocourt, dernier abbé de Clairvaux, présida la chambre ecclésiastique. MM. les curés, en le choisissant pour diriger les délibérations de l'ordre du clergé, voulurent honorer son mérite personnel, mais ils réservèrent leur droit de n'être présidés que par le plus ancien d'entr'eux, en l'absence de Mgr l'évêque. Monnel, curé de Valdelancourt, fut élu secrétaire, et l'on accorda une place de distinction aux commandeurs de Malte. L'assemblée se divisa en sept bureaux, d'après les différentes matières qu'elle devait traiter. MM. Perny, doyen, et Sirjean, chanoine, représentaient le Chapitre de Chaumont, dont les autres membres faisaient aussi partie de la chambre, à titre de délégués. Claude Legros était le fondé de pouvoir de Léonard de Chabannes, abbé de la Crête et le délégué du Chapitre de Vaucouleurs : Babouot, chanoine-curé, avait la procuration du Chapitre de La Fauche ; le chanoine Bardel, celles du prieur de Saint-Didier de Langres et de l'abbé Courtalon, prieur de Dampierre, chapelain du roi, précepteur des pages de Madame. Enfin les vicaires Bouchotte et Legoy assistaient au nom de plusieurs curés. Le chanoine Simon-Bernard Bordet avait le mandat du Chapitre de Châteauvillain, etc.

---

(1) Voir les *procès-verbaux* imprimés à Chaumont, chez Antoine Bouchard. 1789.

L'assemblée s'ouvrit en des circonstances graves : l'heure était venue du grand duel entre les traditions du passé et les aspirations de l'esprit moderne. Les premières devaient s'épurer dans le clergé lui-même. Oui, c'était justice et prudence de satisfaire, entre de sages limites, la soif de liberté et d'égalité qui tourmentait alors la masse du peuple. La majorité de l'ordre ecclésiastique, les prêtres séculiers, surtout, l'avaient compris, et ils étaient disposés à marcher sans précipitation dans les voies nouvelles. Moins clairvoyants, peut-être, ou plus attachés à l'ancien ordre de choses, les réguliers et les gros bénéficiers sympathisaient davantage avec la noblesse. Le discours prononcé par le procureur du roi dut paraître d'autant plus malsonnant à leurs oreilles. Voici les paroles adressées spécialement au clergé par ce magistrat :

« Vous, Messieurs du clergé, vous annoncez la bienfaisance et l'autorité du Maître de la nature ; vous nous montrez un suprême ordonnateur qui a donné le mouvement et la vie... Voués aux fonctions les plus augustes, vous serez satisfaits des honneurs, des prééminences dont la société vous a décorés, et vous ne souffrirez pas plus longtemps cette inégalité de contributions qui éteint toutes les affections naturelles, qui met des entraves continuelles à toutes les relations sociales ; vous montrerez cette ardeur, cet amour du bien qui vous anima toujours, pour alléger le fardeau des autres contribuables, en renonçant à ces priviléges qui en augmentent le poids.

« Assez longtemps vos contributions volontaires n'ont eu aucunes proportions avec vos revenus, et ce sont encore les autres citoyens qui les ont acquittées par les emprunts, puisque les dettes qu'ils ont occasionnées sont retombées à la charge de la société : ce que l'on appelle les rentes de l'ancien clergé, réduites à moitié, en fait la preuve.

« Vous ne voudrez point, Messieurs, exciper plus longtemps d'une administration vicieuse et d'une foule d'exemptions pécuniaires, dont l'origine, subordonnée à des circonstances qui n'existent plus, a été blâmée ouvertement par un des SS. Pères de l'Eglise.

« C'est en vain, dit saint Cyprien, que ceux dont la raison et la justice proscrivent également les priviléges, répondent à l'une et à l'autre par la possession, comme si la coutume et l'usage pouvaient jamais avoir plus de force que la vérité, et devaient prévaloir sur elle (1). »

Les trois ordres se séparèrent pour délibérer, chacun en son particulier.

---

(1) Il est inutile de dire que si l'on pouvait s'associer aux vœux du magistrat, ce n'était point en vertu des raisons par lui alléguées. Les biens ecclésiastiques étaient on ne peut plus légitimement acquis : le temps et la coutume qui, d'ailleurs, auraient pu fonder des exemptions, ne les avaient point fondées, mais corroborées. Le sieur procureur raisonne là en dépit du bon sens. Et puis entendez-vous saint Cyprien ? C'est une manie vieille et assez commune aux gens de robe de *prêcher*, lorsqu'ils donnent un avis aux ecclésiastiques.

Le clergé tenait ses séances à la collégiale. La division ne tarda pas à se déclarer entre les curés et les réguliers, auxquels il faut joindre les chanoines de Chaumont, de Langres, Bar-sur-Aube, Châteauvillain, Joinville et Vaucouleurs. La victoire n'était pas douteuse : les curés avaient 309 suffrages contre 95, répartis sur les autres classes du clergé. La majorité se rapprocha donc du tiers-état, ou, si l'on aime mieux, du peuple. En vain la noblesse voulut fondre son cahier de plaintes et doléances avec le cahier du clergé : l'opinion libérale et avancée de celui-ci ne le permit nullement. Le scrutin pour l'élection des députés aux états-généraux contenait 404 votes. Le dépouillement en donna 289 à Aubert, curé de Couvignon, et 233 à Monnel, curé de Valdelancourt, qui pleura plus tard amèrement les excès d'un patriotisme égaré. Il ne restait plus aux réguliers et bénéficiers mécontents qu'à protester : Perny, doyen, et Claude Legros, chanoine de Saint-Jean-Baptiste, déposèrent, entre les mains du grand-bailly, la protestation signée par vingt-deux ecclésiastiques représentants des abbayes, prieurés en commande, Chapitres et communautés religieuses. Après avoir réclamé contre le peu d'influence laissé à leur petit nombre, ils rejettent, entr'autres, les articles suivants, adoptés par le clergé du bailliage de Chaumont :

Que les voix, dans les états-généraux, soient prises par tête et non par Ordre. — C'était un grand pas vers l'égalité. Le tiers-état formulait la même demande; mais la noblesse en avait horreur.

Que tout droit de *committimus* et de privilége attributif de juridiction soit supprimé. Que le juge des justices seigneuriales soit gradué, reçu par la cour souveraine et inamovible ; que le procureur fiscal, ou son substitut, soit résident sur les lieux. — C'était un moyen de déraciner bien des abus, de rendre juste la justice ; mais il en coûte de se voir spolier de droits anciens et, surtout, si commodes.

Que toutes les servitudes réelles et personnelles dont jouissent ou prétendent jouir les seigneurs ecclésiastiques et laïques, soient justifiées par titres constitutifs, et que dans le cas où elles seroient légitimement établies, il soit permis de les racheter sur le taux de leur produit. Que les bois des seigneurs soient limités, et que le droit d'accrues soit aboli. Que la liberté de faire paître le bétail dans les bois seigneuriaux et communaux, lorsqu'ils sont défensables, soit accordée. — Ne soyons pas surpris de la répulsion que cet article éprouva, répulsion qu'on ne peut regarder, dit la protestation déposée par notre doyen, « que comme le vœu unique de MM. les curés, dont la plupart, portionnaires, sont sans propriétés ; et non le vœu des autres classes du clergé qui, toutes, sont propriétaires. »

Que le titre et les droits de curé-primitif soient supprimés, et que la juridiction pastorale s'étende sur les pensionnaires et domestiques des maisons religieuses. Que dans chaque Chapitre à collation ecclésiastique, un tiers des canonicats soit affecté aux curés qui auront exercé les fonctions pastorales, et aux professeurs qui auront enseigné pendant 20 ans. Que la *dîme de suite* n'ait plus lieu. Que la collation des cures soit remise aux évêques, excepté celle des cures à patronages laïques.

Telles sont les idées que le Chapitre de Chaumont repoussa, de concert avec les autres Chapitres et les religieux. Il aurait pu, ce nous semble, consentir à de larges concessions, et faire plus de sacrifices, surtout en faveur du clergé séculier dont les vœux, après tout, ne tendaient qu'au soulagement des pauvres, à la destruction d'espèces de castes sacerdotales, à la justice et à la charité selon l'Evangile.

D'ailleurs, les chanoines de Chaumont applaudirent à la demande de mesures toutes favorables au peuple ou à l'Église : la diminution des impôts, l'impôt sur le luxe, l'observation des canons qui prescrivent la résidence et défendent le cumul des bénéfices, la publicité de l'administration des économats ecclésiastiques et l'examen de ses comptes par une commission de députés du clergé, etc.

Quand les chanoines auraient eu l'intelligence suffisante du présent, et la claire vue de l'avenir, il n'était pas en eux d'arrêter la France sur le bord de l'abîme. Les jours de la Terreur arrivèrent, où les églises furent fermées et pillées, les corporations religieuses dispersées, et leurs membres mis à mort ou chassés du pays. Le Chapitre de Saint-Jean-Baptiste subit la loi commune. Plusieurs chanoines ont traversé les années affreuses qui terminèrent le XVIIIe siècle, pour reparaître lorsque le culte fut rétabli. Claude Legros ne mourut qu'en 1802 ; la vie de cet homme de mérite a été abrégée par le chagrin que lui causa l'évêque constitutionnel. Pierre-François Sirjean, élu chanoine en 1762, et ordonné prêtre à l'âge de 23 ans, devint curé de Chaumont. La dernière nomination est celle de Jean-Baptiste Gombert (15 avril 1789). Après avoir été vicaire de Saint-Pierre à Langres, il émigra en Russie et devint précepteur des enfants d'un seigneur fort riche. A son retour, en 1803, il exerça les fonctions de vicaire à Chaumont, où l'aménité de ses manières lui concilia l'affection de ses concitoyens, en même temps que ses talents et son zèle obtenaient leur admiration. Victime de la charité, il respira la mort au chevet des malades atteints par l'épidémie de 1806. Il n'existe plus qu'un seul prêtre de ceux qui étaient vicaires en 89 : M. l'abbé Boget, curé de Riaucourt, vénérable par ses quatre-vingt-quatre ans et les longs services d'un laborieux ministère.

Nous adorons les décrets de Dieu, et nous croyons que les malheurs éprouvés, dans ces temps-là, par le clergé, furent une expiation ; ce baptême de sang a fait bien des martyrs et le corps a été régénéré. Cependant, à ne considérer que l'institution dont nous avons essayé d'esquisser l'histoire, nous ne savons pas nous défendre d'un sentiment de regret en la voyant anéantie, et anéantie par une persécution cruelle. Le Chapitre de Chaumont était coupable d'être riche. Et encore, on eût pu invoquer le bénéfice de circonstances atténuan-

tes. Ses revenus n'étaient pas immenses : en 1789 ,
il reçoit 1127 paires de ses fermages à Reclancourt,
Cuves , Jonchery , Euffigneix , Ageville , Laharmand ,
Marbéville , Marault , Montsaon , Mirbel , etc. Il percevait en outre les revenus propres des églises Saint-Jean
et Saint-Michel , enfin , quelques droits particuliers de
peu d'importance (1). D'un autre côté , ses charges
étaient lourdes et il procurait de grands avantages à la
ville. Il la desservait au spirituel et se consacrait, pour
elle spécialement, à une prière incessante et au service
divin , sources d'abondantes bénédictions. La collégiale était l'ornement de la cité ; les dépenses variées
du culte répartissaient des sommes considérables entre
une notable partie des habitants. S'il y avait surcroît
de misère , si la disette ou quelque maladie contagieuse
désolait le pays, on savait qui enrichissait l'hôpital et
nourrissait les pauvres. Les chanoines contribuèrent
aux frais des écoles. Ils payaient de leurs deniers l'entretien et les réparations du chœur de plusieurs églises (2). Enfin , ils étaient enfants de la ville ; si elle se

---

(1) Par exemple, un droit sur la carrière dite du *Bout-du-Pont*,
parce qu'elle a son entrée non loin du pont de la Maladière. Il y a
plusieurs siècles qu'on extrait la pierre de ces souterrains qui
forment aujourd'hui des catacombes profondes et curieuses. Dans
l'origine, ils étaient ouverts à tout le monde , et les ouvriers,
même ceux des autres paroisses, les exploitaient à leur gré. Je ne
sais pas comment la ville s'en est emparée , ni comment le Chapitre avait acquis le droit que je mentionne.

(2) Les Chapitres, les évêchés avaient ordinairement cette

greva jamais à cause d'eux, ce ne fut pas du moins pour des étrangers. L'aspect qu'elle offre, au moment où le Chapitre est aboli, rassure à cet égard. Les familles riches étaient charitables et n'avaient point ce caractère étroit et mesquin trop commun dans la bourgeoisie du nouveau régime. Or, où avaient-elles puisé cet esprit de charité? dans la religion, sans doute; et qui la leur prêchait? Quant à la classe ouvrière, les prêtres de J.-C. lui enseignaient ce qu'ils lui prêcheront toujours : que le travail honore; qu'il est un moyen d'expiation et de mérite; que la sobriété et l'économie sont le chemin de la richesse, et la religion celui du bonheur. Pour pénétrer de ces principes le cœur du peuple, les chanoines enrôlèrent successivement toutes les corporations de métiers sous la bannière de diverses confréries. Leur ensemble est intéressant, et voilà pourquoi, au lieu de disséminer mes notes à leur sujet, lorsque je rencontrais la date de leur fondation, j'ai préféré les réunir en un seul coup d'œil, à la fin du volume (1).

---

charge, et cela nous explique comment, dans les anciennes églises rurales, le chœur est, en général, mieux bâti et mieux conservé que le reste de l'édifice. En 1738, le Chapitre de Chaumont répara le chœur de Rouvres-sur-Aube; frère Henry de Clairvaux était l'architecte.

(1) Voyez aux notes.

Depuis le rétablissement du culte, la cure de Chaumont a été occupée par MM. Garret, Sirjean, Chambray, Malarme.

M. Garret entra d'abord dans l'ordre des Jésuites où il avait un frère employé aux missions lointaines. Professeur de rhétorique à Marseille et à Dole, il cultiva ses talents pour l'art oratoire. Lorsque la compagnie fut supprimée par Clément XIV que les ruses de la débauche, de l'hypocrisie et de l'impiété coalisées avaient jeté dans l'erreur, il choisit une demeure à Paris ; et les églises de la capitale entendirent souvent sa parole éloquente. Chose singulière ! ce fut M. Garret, ex-jésuite, qui éleva le fils du mari de Mme de Pompadour, puissante ennémie des disciples de Loyola. Il fut en effet précepteur chez Lenormand d'Etioles (1). De là, il passa, en la même qualité, chez l'archevêque de Paris dont il gouverna les neveux. Christophe de Beaumont, pour lui donner une marque d'estime qu'il ne prodiguait pas, l'admettait à sa table. M. Garret se rapprocha de Vauvilliers, son pays natal, en acceptant le vicariat de Darney. Il fut ensuite curé de Molême. De temps à autre, on l'appelait à Langres pour y prêcher, car ses talents lui avaient acquis de la renommée. On lui offrit bientôt une chapellenie à

____

(1) Lenormand d'Etioles eut de sa première femme une fille, Alexandrine d'Etioles, qui mourut à l'âge de quatorze ans, au couvent de l'Assomption. Remarié à une ancienne actrice de l'Opéra, il laissa un fils, celui dont M. Garret fut précepteur.

Saint-Martin ; et lorsque Mgr de la Luzerne eût créé, au Grand-Séminaire, la chaire d'Eloquence sacrée, il crut que personne n'était plus capable de la remplir que M. Garret. Lorsque la Révolution le chassa de sa patrie, le docte professeur se livrait avec ardeur à cette branche de l'enseignement, sur lequel il composa un ouvrage resté manuscrit et maintenant perdu. Revenu en France, il accepta la cure de Chaumont, et fut promoteur du diocèse de Dijon pour la partie autrefois dépendante de l'évêché de Langres. Il fallait à Chaumont un homme tel que lui, d'un caractère doux et conciliant ; car il avait à ménager d'anciens chanoines qui avaient prêté serment à la Constitution. J'ai hâte de le dire, ce malheur n'est arrivé qu'à deux membres du Chapitre de Saint-Jean, dont la conduite fut toujours édifiante. M. Babouot, curé en 89, était un homme d'esprit ; il s'égara pourtant au jour de l'épreuve ; mais il trouva dans son successeur une inépuisable charité. M. Garret permettait à ce vieillard perclus de porter l'étole qu'on lui eût rendue, sans l'obstacle de ses infirmités, et d'occuper la première stalle au chœur, même en sa présence.

Ses procédés furent empreints d'une égale vertu envers M. Cadié, bon prêtre qui se trompa, mais auquel on ne refusa point l'approbation des *fidèles*, bien qu'il eût celle des *jureurs*.

M. Sirjean appartient à l'honorable famille qui a donné à la France le général Damrémont. Maître de conférences à Saint-Sulpice en 1762, on l'élut chanoine de Chaumont à l'âge de 23 ans. Il s'occupa beaucoup de la conduite spirituelle des maisons religieuses. A la création des districts, on le choisit pour membre du directoire. Il émigra dans les mauvais jours, et le cardinal de la Luzerne, quand l'orage fut passé, le nomma son vicaire pour réhabiliter les prêtres qui avaient fait le serment. M. Sirjean habita le monastère de Sept-Fontaines que son frère avait acheté ; puis il exerça le ministère à Chaumont, sans avoir de titre dans l'église. Son estime pour M. Garret lui fit agréer celui de vicaire ; mais, en 1806, à la mort du curé, l'on parvint difficilement à le porter pour successeur. Son administration fut celle d'un bon pasteur et d'un père. Il lutta contre la volonté de l'évêque Raymond, qui n'eût pas craint d'abolir le Pardon-Général.

(1813) M. Chambray était originaire de la Haute-Saône. Mgr le cardinal de Choiseul, archevêque de Besançon, le recommanda à son frère, l'évêque de Châlons-sur-Marne. Celui-ci possédait l'abbaye de Montie-render et avait, par là même, à sa nomination, le prieuré de Chancourt : il y nomma M. Chambray, qui dut émigrer comme tant d'autres. A son retour, la cure de Nully-Mandat lui fut accordée, puis celle de Châteauvillain, d'où il vint à celle de Chaumont. Une mort prématurée l'arracha, en 1819, à l'affection de son troupeau. Mgr Raymond élut à sa place M. Dauberive, alors curé de Coiffy-le-Haut et décédé curé de Fays-Billot. Ce choix n'ayant pas été approuvé de la Grande-Aumônerie, le vicaire-général capitulaire présenta M. Malarme, curé de Frettes. Il avait été d'abord vicaire à Seurres, puis à Chaumont, où son dévouement et ses vertus lui ont mérité une belle couronne pour ses cheveux blancs : la vénération et l'amour de tous ses paroissiens.

CHAPITRE IV.

Grand-Pardon. — Histoire, appréciation et description de la Diablerie.

Pour apprécier la fête du Grand-Pardon, il faut distinguer l'indulgence et les cérémonies proprement religieuses, des réjouissances accessoires qui ne sont pas le fait de l'Eglise. Secondement, on doit juger ces dernières d'après les mœurs du siècle où elles subsistèrent et ne point les rendre responsables des abus qu'elles ont occasionnés, mais qui n'en étaient pas l'inévitable conséquence. C'est pour avoir tout confondu dans un pêle-mêle déraisonnable, que l'on a jeté de fades plaisanteries, une ironie de mauvais aloi sur des choses vraies et utiles. Mais faisons d'abord l'exposé historique.

Nous l'avons dit (1), l'indulgence du Pardon fut accordée par Sixte IV, à l'église saint Jean-Baptiste, en 1475. La bulle qui la contient est à la fin de cette notice. « Par la teneur de ces présentes, dit le souverain Pontife, nous accordons et dispensons, de notre autorité apostolique et de notre science certaine, indulgence et très-pleine rémission de tous et chacun de leurs crimes, excès, péchés et délits, à tous et à chacun des fidèles de l'un et l'autre sexe, vraiment pénitents et confessés qui, depuis les premières vêpres de la fête jusqu'aux secondes inclusivement, visiteront dévotement cette même église à la fête prochaine de saint Jean-Baptiste, et dorénavant pour jamais, à chaque jour de la Nativité du saint quand il arrivera qu'on doive la célébrer le dimanche, et chaque fois qu'elle tombera ce jour-là. Or, pour que les susdits fidèles qui visiteront en foule ladite église au temps marqué obtiennent avec le secours de Dieu la paix de la conscience, le salut des âmes et ces mêmes indulgences; pour qu'ils se montrent plus empressés à les acquérir après avoir purifié leur cœur, nous donnons à nos chers fils, les doyen et Chapitre de ladite église, par la teneur et l'autorité de ces présentes, pleine et libre faculté de déléguer des prêtres capables, séculiers ou réguliers de tous ordres, élus dans l'église

---

(1) — Page 48. On a emprunté, pour la description de la Diablerie, à la brochure de M. E. Jolibois : *La Diablerie de Chaumont*, 1838.

même et son voisinage , ou dans quelqu'autre lieu si
éloigné soit-il, afin qu'ayant reçu diligemment , trois
jours avant le temps des indulgences, ces jours mêmes
et trois jours après , les confessions desdits fidèles ac-
courus en ladite église pour mériter cette très-plénière
indulgence avec un accroissement de la paix que donne
la pénitence, ils leur concèdent une fois seulement
dans le temps prescrit, selon la forme ecclésiastique
accoutumée et en ordonnant une salutaire pénitence ,
très-pleine absolution et rémission de toutes et chacune
peines d'excommunication, suspense, interdit et autres
sentences, censures et peines infligées par l'Église et
encore des crimes, délits et péchés commis par eux
jusqu'alors; même de tous les cas généralement ou
spécialement réservés au siège apostolique. De plus, il
pourront commuer les vœux en œuvres pies, hor-
mis ceux de pélérinage outre-mer, au tombeau des B.
Pierre et Paul, et ceux de religion. »

Ce jubilé ne saurait être compris autrement que les
autres indulgences plénières renfermées au trésor de
l'Eglise. Il a la même origine et la même autorité. Gar-
dons-nous d'enfouir le dogme dans une alliage impur :
il n'y a pas de solidarité entre ce qui est croyance et
institution de l'Église , et les superfétations profanes et
superstitieuses. Celles-ci ont disparu, et, nous le verrons,
il n'a pas tenu au Chapitre que le mal ne fût corrigé
plutôt; mais le Pardon-Général demeure et demeurera,
s'il plaît à Dieu, autant que l'Eglise où il fût établi.

Dès le 15e siècle et surtout au 16e, il attira dans la

ville un concours prodigieux des habitants des contrées voisines, de la France entière et même des pays étrangers. Toutes les églises importantes du royaume entendaient publier le Pardon de la Saint-Jean à chacune des années où il arrivait (1). Le Chapitre répandait des affiches et payait des prédicateurs pour qu'ils fissent usage de toute leur éloquence en conviant les peuples au jubilé. Les voyageurs qui passaient à Chaumont en étaient instruits par des annonces peintes sur de grandes planches qu'on élevait, trois mois à l'avance, à la hauteur du premier étage, en travers des rues qui débouchent sur la place de l'Hôtel-de-Ville. Les campagnes voisines étaient encore averties d'une manière spéciale par des bandes d'acteurs qui figuraient parmi ceux des théâtres de la Diablerie : tel est le nom que l'on donna aux spectacles bizarres représentés par les Chaumontais, prêtres et laïques, le jour de la Saint-Jean. Une première bande, composée des diables et diablesses du

---

(1) On annonce encore au loin, mais dans un intérêt mercantile, certaines grandes fêtes, comme la Saint-Ladre d'Autun, la Saint-Lazare de Marseille. D'abord le concours du peuple avait un but exclusivement religieux ; puis le commerce en profita. Aussi nos grandes foires coïncident d'ordinaire avec des solennités religieuses ; de là vient le nom de foire, *feria*. Les foires principales sont un des immenses bienfaits de l'Eglise au commerce et à l'industrie. Chaumont a beaucoup gagné sous ce rapport au Grand-Pardon ; l'administration municipale est trop intelligente pour l'oublier.

théâtre d'Enfer, parcourait la ville et la banlieue depuis le dimanche des Rameaux. Ils rançonnaient impunément ceux qui tombaient entre leurs mains ; l'appât du gain ôta la répugnance que l'on éprouvait envers ce rôle de démon et plus d'une famille endettée y trouva des ressources pour satisfaire ses créanciers ; d'où vient le proverbe conservé par les bonnes femmes de Chaumont : « Si plaît ai Dieu, ai l'ai sainte Vierge, ai l'ai Saint-Jean not homme serai diable, et j'paierons nos dettes. » La seconde troupe, celle des Sarrazins costumés à l'orientale, entrait dans la ville le jour de *Quasimodo*. Elle ne se livrait pas au désordre comme la précédente et recevait une joyeuse hospitalité de la part des habitants. Le dimanche avant la Nativité de saint Jean-Baptiste, le sermon roulait sur le Pardon-Général. Tandis qu'après l'exode, le prédicateur récitait l'*Ave Maria*, un chanoine sortait de la sacristie précédé de la croix et des accolytes, et apportait solennellement la bulle de Sixte IV : on en faisait lecture et on la reportait à son étui avec le même cérémonial.

On le voit, rien n'était négligé pour que les fidèles profitassent de la grâce accordée par la miséricorde du ciel. Aussi les pénitents se pressaient à la porte des églises où prêchaient d'illustres orateurs ; on se confessait même au milieu des rues, si l'on ajoute foi aux vieilles traditions. Le jour de la fête, la procession ne circulait qu'avec peine, tant la multitude encombrait la cité.

Durant sa marche, elle s'arrêtait aux différents théâtres où l'on jouait les mystères de la vie du saint Précurseur. Les Chaumontais, dans le but d'attirer la foule par la curiosité en même temps que par la dévotion, avaient demandé au bailli l'autorisation de mettre en scènes les vertus et les actes du patron. La simplicité des mœurs et la foi des hommes de cette époque permettaient à l'Eglise de ne point repousser loin de la liturgie, les premières ébauches de l'art dramatique. On obtint, à Chaumont comme ailleurs, d'unir les mystères aux cérémonies du culte, et cet accord subsista tant que les mauvaises passions ne vinrent pas le troubler.

On ne saurait assigner l'année précise où commencèrent ces représentations ; il y a lieu de croire que ce fût vers le milieu du 16e siècle. Elles furent d'abord très-simples ; en effet, l'année 1555, les frais du Pardon-Général prélevés, le Chapitre a eu de reste pour sa part 119 livres, et les marguilliers, autant pour la fabrique. Or, la Diablerie entraînait des frais si considérables que les quêtes et les offrandes déposées aux troncs ne suffisaient pas toujours à les couvrir. Le nombre des *eschaffaulds* s'est augmenté peu à peu. De neuf, il s'éleva à douze, à la fin du 16e siècle ; nous en avons la preuve dans le livre intitulé : *Quatre discours dévots et nécessaires à l'institution du chrétien*, par Maistre Regnault Cordier, principal au collège (Chaumont, chez Quentin Mareschal, 1591). La Diablerie est décrite dans le troisième ; il ne parle que de douze théâtres, savoir : ceux des *Vertus*, de *Zacharie*, des *Prophètes*, de la *Nativité*, de *Saint-Jean*, *enfant au*

désert, de *Saint-Jean-Preschant,* du *Baptême de N. S.,*
la *Rédargution d'Hérode* et l'*Incarcération de Saint-
Jean,* la *Décollation,* les *Limbes des Pères,* l'*Enfer* (1).
Ceux des *Sybilles,* de *N. D. des Nues* et de l'*Annonciation,* ont enfin porté le nombre à quinze. La pompe
que l'on y déployait occasionnant des dettes, et les acteurs prenant des licences contraires aux bonnes mœurs,
le Chapitre se vit bientôt obligé de réclamer la suppression des drames. Ce n'était pas inconséquence de sa
part ; ils avaient été fondés pour instruire et édifier le
peuple, ainsi qu'il appert de la supplique adressée au
bailli : « Supplyent humblement les soubsignés bourgeois, manans et habitans de ceste ville de Chaulmont,
que comme vrays chrétiens meus de dévotion à l'honneur de Dieu et de monsieur Saint-Jehan-Baptiste, patron de l'église de ceste dicte ville, ils ayent proposé,
soubz vos bons plaisirs, support et faveur, jouer par
mistères et personnaiges figurant la vie dudict Saint-
Jehan en ceste dicte ville, en lieu le plus commode d'i-
celle, et en se faisant s'employer du tout, par leur dicte
dévotion, à inciter le peuple à congnoistre par lesdicts
mistères quelle a esté la nativité, parenté, vie, miracles
et fin dudict Saint-Jehan ; pour conforter ceulx qui cu-
rieusemement et dévotement par pareille dévotion dé-

____

(1) Ceci diffère du récit de M. E. Jolibois (Diablerie, p. 17.) ;
mais sans doute la disposition comme le nombre des mystères a
varié.

,sirent au lieu d'escriptures, scavoir et congnoistre la vie dudict Saint-Jehan leur patron. »

Du moment que les mystères étaient, au contraire, l'occasion de scandales, il fallait les réformer, ou, s'il n'y avait pas moyen, les supprimer. Dès la fin du XVIe siècle, on voit percer de la défaveur à leur égard. Voici un passage du discours de Maistre Cordier qui montrera dans quel esprit on les tolérait alors, et combien l'Eglise redoutait les abus et les superstitions :

« Nous dirons donc quelque chose de la dignité du iour et feste de sainct Iean Baptiste, affin d'inciter le peuple a vne plus grande deuotion, et a pourchasser les Indulgences de ce beau Pardon, qui nous est présenté : Puis nous tomberons a propos sur les solennités et spectacles qui se font a semblable iour, a fin de monstrer quelz ieux sont licités et honnestes aux iours de festes, et adapterons quelque chose de ce glorieux Prophète et martyr, conformément aux spectacles qui s'y représentent... Donnons nous garde des abus et superstitions que le diable ennemy de Dieu et de ses saincts a coulé soubz prétexte de religion en l'âme de ceux qui sont d'une trop facile crédulité... A certains temps de l'année, on a coustume de représenter en l'église des spectacles tirés des histoires de l'évangile, en y appliquant des images, pour induire le peuple a une plus fervante deuotion. Comme si le Dimanche des Rameaux les petits enfans chantoient des louanges au Seigneur, quelqu'un représentant la personne de Nostre-Seigneur seant sur un asne et qu'ils répandissent

des rameaux , iettassent leurs habillements par le chemin auquel il debvoit passer : Puis que le Preb-
stre en figure de sa descente aux enfers , portant
l'image de la croix et du crucifix , tournant a l'en-
tour du temple et frappant les portes d'iceluy, qui
seroient fermées , disoit en la personne de Nostre Seigneur : *attolite portas , principes vestras et elevamini
portœ œternales ,* comme nous le voyons pratiquer
annuellement (1). On peut semblablement représenter
au iour de la glorieuse Résurrection de Nostre Seigneur,
après les heures de matines , des Anges vestus a blanc
qui seront assis au sépulchre; puis des femmes qui
viendront toutes esplourées , ausquelles les Anges
diront : *quem quœritis , mulieres , in hoc tumulo , plo-
rantes ? Non est hic quem quœritis : sed citò euntes nun-
tiate discipulis,* et ce qui s'ensuit. A mesme iour l'Eglise
a institué et *observe aussi annuellement ,* que l'on porte
aussi en procession publique l'image de N. S. portant
l'estendart en main , comme en signe de la victoire et

---

(1) La liturgie romaine a gardé ce symbole. La cérémonie se
fait le plus souvent à la porte du chœur ; mais, autant que possible, on doit la faire à la porte de l'église, comme au jour de sa
consécration. Les architectes gothiques ont quelquefois ménagé
une tribune au portail pour le chant du *Gloria laus.* A Chaumont,
le symbole était d'autant plus clair, que la procession, venant de
Saint-Michel, était arrêtée à la porte du Barle (rue de l'Ange)
par les diables de la Saint-Jean qui, du haut de la tour, lançaient
sur le Roi de Gloire et son cortège des feux d'artifice.

triumphe qu'il avoit remporté a semblable iour contre
le prince des enfers. On peut tout de mesme au iour de
l'Ascension. représenter le mistère de cest article de
nostre foy, par une image que l'on eleura jusques au
plus haut de la voute de l'église, laquelle soit environnée de tous costez d'anges et chérubins, et se perdre
comme dans une nuée blanche qui représentera le ciel
ouvert : et semblablement au iour de la Pentecoste,
la descente du benoist S. Esprit en langues de feu sur
les Apostres.. Car, en tous ces ieux, qui sont vraye-
ment ieux sacrés, l'intention de l'Eglise est bonne et
saincte, laquelle veult, que les histoires sacrées par le
moien de telz spectacles, viennent à la congnoissance
de ceux lesquelz ignorans des lettres n'ont pas le moien
de les lire. » Vient ensuite la description des théâtres
de la Saint-Jean. Cordier termine par cette parole :
« Mais ie n'en dirai pas d'avantage parce que ie n'aime
pas ceste Diablerie. »

Dès 1591, il y avait donc des abus qui déconsidé-
raient la fête. Les offrandes, en 1618, furent de 308
livres et les dépenses, de 750 livres. Une lutte s'engagea dès lors entre le Chapitre et la ville. Celle-ci maintint les usages anciens, craignant de plonger la cité
dans le trouble. Il y avait peut-être nécessité de ne pas
couper court avec des habitudes enracinées au cœur
des habitants. On ne refusait point au clergé de travail-
ler à une réforme : ainsi, en 1635, lorsque les députés de la ville se rendirent, le premier dimanche de
carême, à la salle du Chapitre, pour déterminer selon

la règle, de concert avec lui, ce qu'il y avait à faire pour la présente année ; ils l'emportèrent facilement sur les chanoines moins nombreux ; mais on convint que l'on abandonnerait aux prêtres la direction des théâtres , pour éviter les dépenses folles et le débordement des mœurs.

Vains efforts ! En 1657, la licence n'avait plus de frein, et, de plus, le bilan donnait une recette de 300 livres, une dépense de 1,500. C'était une perte de 500 livres pour le Chapitre. Il fut contraint, malgré son désir de conserver la paix avec la paroisse, de se pourvoir pour l'avenir. Sept ans après, au retour du Pardon, il adressa une requête au parlement, et députa le chanoine Legras au grand vicaire Cordier, qui promit de n'accorder le *visa* de la bulle que sur engagement pris par la ville de détruire les excès de la Diablerie. En même temps, il écrivit au maire et aux échevins une lettre pleine de sagesse, les engageant à supprimer les bouffonneries du jour des Rameaux, et à bannir les platitudes et la dissipation des théâtres. Le lieutenant-général obtint encore que le Chapitre ne perdrait pas plus de 250 livres. Enfin on remit au soir le spectacle qui troublait la piété des offices au matin. Les chanoines se contentèrent de ces concessions. La dépense fût de 1,851 livres.

Cependant un revirement se fit dans l'opinion. L'on comprenait enfin que cette fête avait dégénéré, à parler du côté profane, et qu'à son occasion la ville s'obérait et les consciences se souillaient. On y renonça en assemblée générale, le 19 mars 1668, et une magnifique procession, avant la messe du Pardon, fût tout ce qui resta de la pompe usitée. Toutefois on n'anéantit pas le souvenir du passé. Pendant le 18e siècle, les diables ne paraissaient point le jour des Rameaux, mais on exposait un tableau à personnages diaboliques. Longtemps encore, on porta, au bout d'une fourche, aux processions de la Saint-Jean, une peau empaillée de monstre marin qui figurait à la Diablerie. Il est long de 1 mètre 70 centimètres et assez semblable à un esturgeon (1). L'on ne vit plus les acteurs, hommes et femmes, marcher en costume de théâtre devant le St-Sacrement ; mais de tendres enfants tiennent encore leur place : l'un, le corps à demi-nu et couvert seulement de la blanche toison d'un agneau, porte à la main la croix du précurseur à la banderolle flottante ; l'autre, est chargé des insignes de la Passion ; une petite fille les accompagne, dont la blonde chevelure inonde les épaules : c'est Magdeleine pénitente ; vous lui pardonnez volontiers le contre-sens d'un visage rosé, d'un regard limpide et d'un sourire d'ange. Enfin, je ne m'expliquerais pas le zèle et l'éclat que les Chaumontais font briller dans les reposoirs, si je ne me rap-

----

(1) Les curieux peuvent le voir au cabinet de M. Fervelle père. Ce poisson était pour Chaumont ce que fût le Graouilli pour Metz, la Tarasque pour Aix, la Gargouille pour Rouen. Les costumes des acteurs ne furent brûlés qu'en 1760 ; le masque du Grand-Diable avait trois pieds de hauteur.

pelais le faste qu'y déployaient leurs ancêtres. N'avons-nous pas vu, en 1838, au dernier Pardon, Saint-Jean-Baptiste au désert? Les grands arbres, les belles eaux, les rochers et les mousses, les oiseaux et les serpents, rien n'y manquait. Nous l'espérons, en 1849, cette fête sera plus admirable encore. La foule y sera plus immense s'il est possible; la foi plus vive, l'appareil plus splendide : l'âge revient des grandes solennités religieuses et populaires qui, de loin et loin, charment la vie de l'homme, reposent l'âme et la rendent meilleure.

Au sortir de la Révolution qui avait interrompu la série des Grands-Pardons, cette indulgence fut librement publiée (1804); mais en 1810, l'évêque de Dijon eût la maladresse de s'y opposer. Ce ne fût pas sans peine que le curé, le préfet et le maire de Chaumont, appuyés de l'évêque de Besançon, obtinrent l'exécution incomplète de la bulle. Mgr Raymond avait oublié l'axiôme *Favores sunt ampliandi* et ces paroles de Sixte IV : « Nous accordons ce privilège pour les temps présents et futurs et pour durer à perpétuité, nonobstant toutes suspensions et révocations spéciales ou générales d'indulgences semblables ou autres quelles qu'elles soient, faites ou à faire par nous, nos prédécesseurs ou successeurs, par quelque cause ou raison que ce soit, même pour toute expédition contre les ennemis du nom du Christ, et en quelque forme de paroles que ce soit; et elles ne s'étendraient point à ces lettres et à cette concession lors même qu'elles y devraient être comprises par une mention spéciale, expresse et absolue (1). »

Il nous reste à dire notre pensée sur les mystères, et à en faire l'analyse.

Nous ne croyons point qu'ils soient chose condamnée ou condamnable parce que Boileau aura dit :

> Chez nos dévots aïeux le théâtre abhorré
> Fut longtemps dans la France un plaisir ignoré.
> Des pèlerins, dit-on, une troupe grossière
> En public à Paris y monta la première ;
> Et sottement zélée en sa simplicité,
> Joua les Saints, la Vierge et Dieu par piété.
> Le savoir à la fin dissipant l'ignorance,
> Fit voir de ce projet la dévote imprudence.
> On chassa ces docteurs prêchant sans mission.

L'on est bien revenu aujourd'hui sur ce ridicule jugement. Les travaux de MM. Magnin, de Montmerqué et d'autres antiquaires bibliophiles ont démontré qu'avant le siècle tant vanté du grand roi, il exista un théâtre digne de ce nom. Emprunté à l'histoire sacrée, bâti à l'ombre du sanctuaire, il était populaire, propre à éclairer comme à moraliser. Maintenant s'il est plus poli et d'une littérature plus avancée, il est en revanche aristocratique et généralement immoral. Le peuple civilisé crie aujourd'hui comme sous les Césars : *panem et circenses!* et votre scène ne s'ouvre pas pour tous ; elle est fermée au pauvre ; il faut au spectateur de l'or et

---

(1) Conclusion de la bulle.

un habit fin. Oh! ne blâmez pas l'Église, si jadis ses ministres furent prêtres et comédiens : elle avait compris comme vous la nécessité de frapper les sens et l'imagination du peuple, non pour lui corrompre le cœur, mais pour le guérir; non pour dorer la coupe du mal, mais pour inspirer l'horreur du poison. Plus un siècle est blasé, plus il exige de chasteté dans les mots et les apparences; nous en convenons, il serait souverainement déplacé de jouer de notre temps, au milieu des offices liturgiques, la scène de la Nativité. Encore une fois, ce qui convenait aux pères peut bien ne pas convenir aux enfants. Souvenons-nous qu'à la fin du 15e siècle et au commencement du 16e, les pèlerins du Pardon-Général étaient des hommes simples, la plupart peu instruits et d'une foi robuste. Alors nous concevrons que le drame auquel ils assistaient n'avait rien de choquant ni de bas (1). « Plus tard, dit Michelet, les

---

(1) Pour mesurer l'étendue de la réaction qui s'opère depuis peu, contre l'esprit de Boileau et de Voltaire, sur les matières dont il s'agit, il suffirait de connaître l'accueil fait, à Paris, cette année même, à la Prose de l'âne. (V. *Annales archéol.* Tome 8e.)

Au moyen-âge, on a joué dans une foule d'églises des drames religieux. (V. Gerbert. *De Cantu et musica sacrâ. Liv.* 2. *pars* I. *Ludi sacri. Typ. San-Blasianis* 1774.) « A Langres, dit l'abbé Mathieu, les confrères de Saint-Didier faisaient représenter par cent cinquante acteurs la vie et les miracles de ce saint évêque. C'est un fou de Langres qui ouvre la scène. On y voit l'amalgame étrange de Dieu, des démons et des payens. » Ce drame forme un vol.

naïvetés tournèrent en dérision, et l'église fut obligée d'imposer silence au peuple, de l'éloigner, de le tenir à distance. Mais aux premiers siècles du moyen-âge, quel mal en tout cela? Tout n'est-il pas permis à l'enfant (1)? »

Les mystères que nous allons passer rapidement en revue ne sont point, par malheur, les premiers que l'on exécuta (2); du moins la rédaction primitive est perdue, et celle dont les fragments sauvés ont été livrés au public remonte tout au plus à la fin du 16ᵉ siècle; l'auteur en est inconnu.

Premier Théâtre. — LES VERTUS. — « Premièrement donc tu verras un eschaffault proche de l'église, sur lequel sera représenté la ville de Chaumont en forme d'une déesse, comme une aultre Minerve assistée des vertus théologales d'un costé, qui seront la Foy, l'Espérance et la Charité, et de l'austre costé, des vertus cardinales qui sont la Prudence, la Iustice, la Force, la Tempérance. » Ces rôles étaient réservés aux jeunes filles de la noblesse et haute bourgeoisie chaumontaises.

---

in-4°. Il passa de la bibliothèque de la cathédrale à celle de Chaumont; on en a plusieurs copies. Langres avait encore sa *Danse aux sabots*, et Dijon sa *Mère folle* ou *fête des fous*. (Evêques de Langres p. 181.)

(1) Michelet. *Hist. de France.* Tome I. p. 657. Paris 1833.

(2) Pour la revue des 15 théâtres, voyez *la Diablerie de Chaumont*, par E. Jolibois, et *Quatre Discours dévots*, etc., par Maistre Regnault Cordier.

Celle qui représentait la Ville tenait d'une main les clefs, de l'autre, son brillant écusson, qui est :

Parti au premier de gueules, à la demi escarboucle pommetée et florée d'or, mouvante du flanc senestre; au deuxième, d'azur à la bande d'argent, accostée de quatre cotices, deux à dextre, deux à senestre, potencées et contrepotencées d'or, au chef de France.

Elle disait, invitant à ouïr le dialogue des Vertus :

> ... Instruisez vos esprits, esclaircissez vos doubtes.
> Ces vertus quelquefois peuvent se séparer ;
> Vous pourrez bien ailleurs ne pas les rencontrer,
> Il n'y a que Chaumont qui les possède toutes.

Voilà qui semble prétentieux ; heureusement l'humilité ne jouait aucun rôle sur le théâtre. La Foi rappelait ensuite les mystères qu'elle enseigne, et l'Espérance annonçait les promesses divines :

> ... Et puisqu'il a promis sa parole est certaine.
> Levez donc avec moy les yeux à ce Sauveur ;
> Espérez en lui seul et non de la faveur
> Du monde qui n'est rien qu'une espérance vaine.

La Charité proclamait sa puissance sur Dieu même : le secret pour s'élever au-dessus de la terre, c'est d'aimer Dieu et le prochain comme soi-même. La Prudence donnait les meilleurs conseils :

> ... Regrettez le passé, corrigez le présent,
> Vivez mieux cy-après, ainsi certainement
> Vous trouverez au ciel l'immortelle couronne.

La Justice expliquait ses emblêmes : le bandeau sur les yeux, la balance et l'épée. La Force chantait ses victoires sur les ennemis de l'âme et sur la fureur des tyrans. La Tempérance , enfin , ordonnait de réprimer les folles passions :

> ... profanes partisans de l'amour impudique ,
> Vous ne pourriez sans crime ignorer que vos cœurs
> Ne doibvent être prins de si fortes ardeurs
> Que pour aimer son Dieu d'un amour héroïque ;
> Et si ce mesme Dieu, comme un père très-sage
> Vous envoye du vin l'innocente liqueur,
> Pour réparer vos forces et resiouir vostre cœur,
> Vous n'en corrompriez par un meschant usage.

Nous avons voulu, par ces extraits, donner une idée de la versification des mystères. On concevra que cette scène ne nous paraisse nullement méprisable. N'est-elle pas propre à inspirer au peuple cette moralité, cet esprit religieux que ses chefs lui recommandent tant aujourd'hui.

IIe *Théâtre.* — ZACHARIE. — « Le second eschafault sera aux avenues de l'Horloge et sera représentée l'annonciation faicte par l'ange Gabriel a Zacharie habillé comme les anciens prophètes, qui sera a genouil devant l'autel bien paré, avec un encensoir comme voulant sacrifier à l'autel ; audevant dudit autel sera l'ange avec cet escriteau : *Ne Timeas Zacharia* (1). » Aidé par les lévites et les acolythes , le prêtre offre l'encens, et l'ange aux ailes d'or lui annonce l'enfantement miraculeux.

---

(1) Ne craignez rien, Zacharie, car votre prière a été exaucée : Elisabeth, votre épouse, vous enfantera un fils que vous appellerez Jean. » S. Luc. 1. 13.

IIIe *Théâtre.* — L'Annonciation. — Le poëte n'est pas mal inspiré dans la réponse de Marie à Gabriel. La vierge adresse à Dieu cette invocation :

> Eternel objet de louange
> Quoy ! beau centre des beaux amours,
> Estendez-vous de mesme cours
> Vos yeux sur moi que dessus l'ange ?
> Vous descendez du haut des cieux,
> Faisant un astre glorieux
> De mon cœur qui s'est laissé prendre !
> Vous l'eslevez si haut dans un estre divin !
> Vous vous formez un corps dans un amas de cendre,
> Et changez mon argile au feu d'un Séraphin.

IVe *Théâtre.* — La Visitation. — La scène représente la maison de Ste Anne et celle de la Vierge. Marie conviée par deux anges sort accompagnée d'une suivante. Elisabeth salue sa cousine, et ensemble elles glorifient Dieu. Le chœur de musique entonne l'hymne de St Jean : *Ut queant laxis resonare fibris.*

Ve *Théâtre.* — Les Prophètes. — « Deux prophètes sçavoir Malachie et Hiérémie : l'un aura pour son escriteau : *Ecce ego mitto angelum meum qui præparabit viam meam;* et au rouleau de l'autre sera : *Priusquam te formarem in utero novi te, et antequam exires de vulvá sanctificavi te* (1). »

----

(1) « Voici que j'envoie mon ange qui préparera ma voie. » Malachie, 3. 1. — « Je vous ai connu avant que je vous eusse formé dans les entrailles de votre mère ; je vous ai sanctifié avant que vous ne fussiez sorti de son sein. » Jérémie, 1. 5.

VIe *Théâtre*. — La Nativité. — « Se représentera la nativité de saint Jean-Baptiste : ou sera saincte Elisabeth comme en couche et Zacharie auprès, auquel on viendra monstrer l'enfant. L'escriteau sera : *Elisabeth autem impletum est tempus pariendi et peperit filium* (1). » Des anges, des vierges, des matrones, des lévites entourent le lit paré de l'accouchée. Le commencement de la scène est un noble dialogue qui descend dans le trivial lorsque les matrones et la nourrice s'en mêlent. Cette dernière, après que Zacharie muet a pris la plume pour écrire le nom de Jean, remet l'enfant à un lévite et s'écrie :

Dure et cruelle loy, ô circoncision !
Déplorable sujet de mon affliction.
Malheureuse ! faut-il que moi votre nourrice,
Comme un petit agneau vous porte au sacrifice !
Pourrois-je, sans mourir, voir couler votre sang !
Sur un corps si mignard, ô grand Dieu tout-puissant !
Le moien que je veoye un si sanglant oultrage !
Hélas ! i'ay plus d'amour que ic n'ay de courage :
Ie vouldroye qu'il me fut sans faintise permis
Souffrir le mal pour vous, mon cher petit amy.
Mais quoy ! je pleure en vain ; vois-je pas, misérable !
Le bassin, le couteau qu'on porte sur la table.
O mon petit poupon ! ô divin précurseur !
Ceste crainte me rend sans parole et sans cœur.
Mais i'auray, cependant, avant que l'on vous touche,
Mille petits baisers de votre belle bouche.

---

(1) « Cependant le temps des couches d'Elisabeth arriva, et elle mit au monde un fils. » Luc, 1. 57.

Du reste, les acteurs ne figuraient aucune des opé-
rations qu'à cette époque et depuis, la peinture étala
dans les églises, souvent sans la moindre vergogne.
Pour qui sait comment on représentait alors les nativi-
tés, le drame chaumontais est fort éloigné de blesser
les bienséances du XVI° siècle (1).

VII° *Théâtre.* — JEAN AU DÉSERT. — Jean dans
l'adolescence vit retiré en un lieu rempli de roches,
d'animaux et d'arbustes. Plusieurs sauvages ont découvert sa retraite; ils admirent ses vertus et ses
grâces. Le saint leur a prêché la pénitence et la venue
prochaine du Messie. « Les bestes que vous voyez
dans ce désert sont les figures de vos péchez qui
effacent en vous l'image de Dieu et qui impriment dans
vos âmes toutes les qualités de la beste, et à qui vous
devez donner la mort avec l'espée de votre douleur.
Votre orgueil, c'est un aigle; votre envie, c'est un
chien; votre colère, c'est un lion. »

---

(1) Voyez Molé : *Observ. hist. et critiques sur les erreurs des
peintres.* Tom. 1, pages 46 et 336. « Nos aïeux, dit cet
auteur, nos aïeux, tout grossiers que nous les supposons,
étaient moins hardis : leurs acteurs représentaient à la vérité
la naissance de la Vierge; mais sainte Anne accouchait dans
un alcôve, les rideaux étaient tirés; on n'habillait point l'enfant
sur le théâtre, on l'apportait emmailloté. Comment se peut-il
que, nous piquant de plus de délicatesse, nous soyons cependant moins réservés? » Que l'on excuse ces détails. Ils
sont utiles parce que l'on a versé la dérision sur des choses
que nous croyons juste de réhabiliter.

VIIIe *Théâtre.* — SAINT-JEAN PRESCHANT. —Le reposoir que l'on a vu au dernier Pardon, en 1838, à la porte du faubourg Saint-Jean, semble avoir été fait d'après les rubriques qui fixent l'ordonnance du huitième théâtre. C'était une solitude embellie par la verdure, les roches pittoresques, des fontaines et des jets d'eau adroitement préparés. Cette fois, la solitude s'est peuplée. Jean, dans l'âge viril, parle à la foule où l'on distingue des rois d'Orient, des princesses, des pages en costume du XVe siècle. Il recommande aux riches l'amour des pauvres; aux princesses, la modestie; au *grand-prévost*, la justice. Les princes le font interpeller sur sa mission par le pontife, et il rend témoignage à l'agneau de Dieu, au Sauveur qui, en ce moment, s'avançait revêtu d'une robe splendide.

IXe *Théâtre.* — LE BAPTÊME. —Les décors étaient analogues aux précédents. Le Père, en évêque, apparaissait au-dessus des rochers et une colombe, image du Saint-Esprit, venait compléter la Trinité sainte. Saint Jean faisait un court sermon sur la personne de Jésus-Christ. Puis des anges entonnaient un hymne à sa gloire, durant le baptême. Le Sauveur, prenant la parole à son tour, appelait les peuples à lui. Enfin, les anges, le précurseur et les lévites proclamaient l'arrivée du Messie et ses qualités divines.

Xe *Théâtre.* — LA RÉDARGUTION ET L'INCARCÉRATION. — « On représentera la rédargution d'Hérode, savoir quand saint Jehan le reprint, parce qu'il entretenoit la femme de son frère. Puis l'incarcération de saint Jehan et y aura plusieurs personnages : comme en premier lieu saint Jehan-Baptiste, et plusieurs personnes de diverses nations : le roi Hérode accompaigné de plusieurs princes : semblablement Hérodias accompaigné de quelques princesses; le maistre d'hostel et des satellites qui feront l'incarcération. Il y aura pour écriteau : *Herodes cum corriperetur a Joanne inclusit eum in carcerem* (1). » Plus de soixante acteurs, rois et reines, le pontife et des guerriers, le geôlier, les scribes et les pharisiens, le Sauveur, confondaient sur ce théâtre les couleurs variées des costumes orientaux et français, antiques et modernes.

Le mystère n'a point été retrouvé; mais il paraît qu'une bataille se livrait entre le peuple et les soldats qui emprisonnaient saint Jean.

XI⁰ *Théâtre.* — LA DÉCOLLATION. — Décors : Fraîche campagne, intérieur de palais à riches tentures, curieux emblêmes. On servait un dîner superbe, où des cassolettes de parfum unissaient leur suave haleine au fumet de plats quelque peu homériques. Les personnages de la cour éblouissaient de magnificence. Avant que les roses ne commencent à se faner sur le front des convives, entrent deux jeunes danseurs et deux *saulterelles*, dont l'une est la belle Hérodiade : un petit diable noirci s'attache à ses pas, sans doute

____

(1) « Hérode fit mettre en prison Jean-Baptiste qui lui adressait des reproches. »

afin de paralyser l'impression du ballet sur les spectateurs. Vient le moment tragique de la décollation. Le
bourreau hésite ; on le menace... enfin il s'écrie :

> Grand Sainct ! c'est par ma main qu'Hérode vous opprime ,
> Qu'espenchant vostre sang i'augmenterai son crime.
> *(La tête du mannequin tombe ; le sang jaillit.)*
> Ie déteste mon sort pire que le trespas.
> Mourant avec vous , ie ne m'en plaindroys pas.
> *(Aux soldats.)*
> Si vostre cruauté n'est pas bien assouvie ,
> Tigres , voilà mon cœur , arrachez-moi la vie !

Notre sensibilité se révolte contre l'atrocité de la
scène ; mais il faut tenir compte du temps et des mœurs.
Est-ce que, dans Shakespeare, Othello furibond,
après un dialogue qui fait dresser les cheveux, n'étouffe
pas Desdemona dans son lit ? Boileau n'avait pas encore
traduit les oracles du poëte romain :

> ... Non tamen intùs
> Digna geri, promes in scenam...

Du reste, ce mystère était bien capable de frapper
l'âme au moyen des contrastes et des passions mises
en jeu, et il saisissait les sens par un appareil à rendre jaloux les décorateurs de notre siècle même (1).

XIIᵉ *Théâtre.* — L'ENFER. — Au milieu de draperies
lugubres, on contemplait la punition du crime. Une

------

(1) Ce mystère est sculpté mot à mot, si je puis ainsi parler,
sur un bas-relief de l'église d'Ainay, à Lyon ; mais au festin, le
diable joue du violon.

gueule énorme (1), dont un mécanisme faisait jouer les mâchoires, vomissait des flammes d'artifice et engloutissait dans son barathre une poupée lancée d'en haut : c'était l'âme d'Hérode. Les diables affreux à voir, montraient aux mânes du tyran la tête de sa victime et murmuraient : *non licet.*

XIIIe, XIVe et XVe *Théâtres.* — NOTRE-DAME-DES-NUES. — LES SIBYLLES. — LES PÈRES AUX LIMBES. — L'absence de renseignements n'avait pas permis jusqu'à présent d'avoir une idée satisfaisante de ces trois mystères ; les notions que j'exposerai brièvement sur les Sibylles combleront en partie une lacune qui laissait le grand drame de la Diablerie sans unité et mutilé dans sa conclusion. Résumons d'abord ce que l'on sait :

Notre-Dame-des-Nues n'était pas, à vrai dire, un théâtre, mais une apparition de la Vierge, à la hauteur des toits de la rue de l'Ange. Son image y était suspendue au milieu de draperies blanches, flottantes et *bouillonnées* qui simulaient des nuages. Vis-à-vis, s'élevait le théâtre des Sibylles au nombre de huit. Entr'autres attributs, elles tenaient une corne d'abondance, deux serpents, une croix rouge. L'empereur Auguste figurait dans le groupe. Enfin, les Limbes des Pères, où étaient les patriarches ayant chacun leur

---

(1) Elle ressemblait à celle que le moyen-âge a quelquefois peinte et sculptée. Les archéologues connaissent celle du vitrail de Saint-Étienne de Bourges.

attribut distinctif, se dressaient à côté, sur la même place. Or, ce qu'il importe de faire comprendre, c'est que les trois scènes n'en composaient qu'une seule, renouée aux précédentes. Il est, pour cela, nécessaire de connaître les Sibylles, vierges mystérieuses qui, en dépit des savants, gardent encore un voile sur leur visage (1). La plupart des auteurs payens parlent de prophétesses inspirées, annonçant l'avenir aux hommes tandis qu'elles étaient agitées par un esprit divin. On ne convient pas de leur nombre ni des lieux de leur résidence ; mais on les consultait à Delphes, à Erythes, à Cumes, etc. En l'an de Rome 671, de J.-C. le 83ᵉ, le recueil de leurs prophéties fut brûlé dans un incendie du Capitole. On a conservé des fragments dont l'authenticité fut combattue et que l'on rangea,

---

(1) On ne sait trop que dire de l'impertinence avec laquelle certains écrivains peignent l'Église et les Pères exploitant la crédulité par ces contes de Sibylles. Pour en rabattre, il ne faudrait qu'effleurer la question, feuilleter un peu la *Bibliothèque* d'Ellies du Pin, tome 1ᵉʳ, p. 54 : *Des livres des Sybilles, de Mercure Trismégiste*, etc. ; *Historia Eccles.* de Noël Alexandre, tome 4 ; *Dissert. de Libris Sibyllinis* ; Molé, *Erreurs des Peintres*, tome 2, ch. 2 ; le critique Voss ; l'*Iconographie chrétienne* de l'abbé Crosnier, chap. 20 et suiv., et parmi les anciens, spécialement saint Augustin, saint Jérôme et Lactance. Quand on se serait donné la peine d'étudier avant de juger, on pourrait prendre parti, mais on se dispenserait d'écrire des phrases comme celle-ci : « On sait que les chrétiens se sont emparés des livres des Sibylles, et qu'après en avoir torturé le sens, ils ont dit y avoir trouvé des prédictions clairement formulées en faveur du christianisme. »

d'une part, dans les livres apocryphes ; de l'autre, parmi les ouvrages réellement prophétiques , tout en convenant qu'ils étaient plus ou moins interpolés. Les Pères des premiers siècles s'en servaient dans leurs controverses avec les payens qui avaient foi dans ces livres. Plusieurs passages prédisent les mystères du christianisme ; et nous-mêmes chantons encore à la messe pour les défunts : *Teste David cum sibyllá,* en mémoire de l'Erythréenne qui a prédit le jugement dernier, vers le temps de la guerre de Troie (1).

Pour en revenir à nos mystères, je remarquerai qu'il ne faut pas être surpris d'y trouver les sibylles. Elles étaient dans leur gloire au XVIe siècle. Non-seulement elles couvraient les parois ou les vitraux des églises (2), les marges des manuscrits à miniatures et des premiers ouvrages de l'imprimerie (3), mais elles jouaient un rôle, ailleurs comme à Chaumont, dans les spectacles religieux. Ainsi, c'est en 1609 seulement que le concile de Narbonne les supprime avec l'ensem-

---

(1) La plus célèbre de leurs prophéties est celle à laquelle Virgile fait allusion :

  Ultimâ cumœi venit jam carminis ætas ;
  Magnus ab integro sæclorum nascitur ordo.
  Jam redit et virgo, redeunt saturnia regna ;
  Jam nova progenies cœlo demittitur alto.

(2) A Saint-Ouen de Rouen, aux cathédrales de Sens, Auch, Beauvais, Amiens, etc.

(3) V. G. La chronique de Nuremberg , les tant curieuses heures gothiques de Ph. Pigouchet, etc.

ble des représentations liturgico-théâtrales, mais sans condamner la croyance en leurs prophéties (1). Le mystère de l'Incarnation, joué à Rouen l'an 1474, introduit une sibylle à Rome où elle découvre à Octave César la naissance du Messie. D'ailleurs ces prophétesses corroboraient les prédications du Précurseur puisqu'elles avaient, ainsi que lui, prophétisé surtout la venue de Jésus-Christ. Nous indiquerons le lien qui rattachait à elles saint Jean-Baptiste et les pères aux Limbes.

La présence d'Auguste sur les tréteaux de la rue de l'Ange est expliquée par l'histoire de la Sibylle Tiburtine, ou selon d'autres, de la Cumane. L'empereur la consultait sur l'opportunité de prendre place lui-même entre les Dieux.

La prophétesse lui montra, dans les airs, une Vierge tenant dans ses bras un enfant. N. D. des Nues n'est autre chose que cette vision : elle se déployait en face, de l'autre côté de la rue (2).

---

(1) Non fiat *in ecclesiis* aliqua indecentia nec repræsententur quæ oculos proborum catholicorum offendunt, et populum *ad risum provocant :* uti repræsentatio prophetarum aut pastorum in nocte natalis Domini : *cantus prædictionum sibyllarum,* columbæ volatus in die Pentecostes, projectio ignis et aquæ in eâdem die. *Satis est enim firmatum quod credendum : nec talibus repræsentationibus indigentiam imperiti.* — V. Labbe, tome 15, col. 1614. **Concilium Narbonense, cap. XXXIX.**

(2) **N. D. des Nues des Sibylles** n'est tellement pas d'invention chaumontaise, que Pierre de Cortone en fit le sujet d'un tableau qui était à la galerie de l'Hôtel de Toulouse.

Les attributs des Sibylles ont beaucoup varié ; celle qui portait la croix rouge est la Cimmérienne, que l'on a coutume de doter d'une croix de passion parce qu'elle prédit le crucifiement.

On connaît plusieurs représentations des Sibylles où se trouve l'image des limbes ; c'est la Libyque dont les paroles ont rapport à ce séjour mystérieux. Nous pensons qu'elle indiquait, à Chaumont, le théâtre des Pères où Saint-Jean terminait sa mission de Précurseur : « Seront représentés, dit Maître Regnault, les limbes des Pères et les Pères mesmes, comme Adam qui tiendra une pomme en sa main, Eve proche de luy qui mordra dedans ; Noë et proche de luy une colombe qui aura un rameau d'olive en son bec : Abraham tiendra une espée nue, Isaac portera son petit fagot : Moïse, les Tables de Dieu : Aaron, une verge : David, une harpe : et chascun des aultres, ce qui sera convenable à leurs personnages. S. Iean-Baptiste sortira comme du tombeau, et saluera les saincts pères, lesquels se resiouiront fort, comme en espérance que ce soit le vray Messie à la venue duquel ils attendent leur délivrance. Pour escriteau y avait au dernier pardon, à ce que i'en ai peu apprendre, ce petit quatrain français :

> « Chaumont de vertu décorée
> Présente à chacun pénitent
> De Paradis la clef dorée,
> L'église Saint-Jehan visitant »

« Et plus bas : *Quæcumque solveritis super terram erunt soluta et in cœlis* (1). »

Il nous semble facile d'interpréter de la sorte les trois derniers mystères. Rien n'est plus naturel et, d'ailleurs, si l'on s'y refuse, ils deviennent des hors-d'œuvre insignifiants qu'il est impossible de souder à la Diablerie.

---

(1) *Quatre dévôts discours*, etc. — « Tout ce que vous aurez 'délié sur la terre sera délié dans le ciel. »

CHAPITRE V.

Description des ouvrages du XVIe siècle à Saint-Jean-Baptiste. —
Accessoires et mobilier de l'église : peintures, cloches,
reliquaires, manuscrits, liturgie, etc.

Nous avons décrit, au premier chapitre de cette
monographie , la portion de l'église Saint-Jean-Baptiste
qui s'est élevée au XIIIe siècle ; il reste à étudier ce qui
fut construit depuis l'érection en collégiale : le chœur,
les chapelles et les portails latéraux. Enfin , nous passerons en revue les accessoires et le mobilier qui décorent le monument.

On ignore quels étaient sa forme et le mérite de son
architecture avant la démolition, qui a eu pour but de
l'agrandir. Il est sûr qu'un transept rendait le plan cruciforme , car la chapelle Saint-Pierre est l'un des anciens croisillons. Le chœur et l'abside s'harmonisaient-

ils avec les nefs? cela est probable, puisque nulle bâtisse ne s'interpose entre les deux époques. Nous devons ajouter, cependant, que l'on entreprit, avant le XVIe siècle, de dilater le vaisseau sur d'autres lignes que celles du plan adopté plus tard. Les travaux auxquels l'édifice doit surtout sa physionomie présente furent exécutés de 1507 à 1545. Les malheurs de la guerre et de la famine les suspendirent à diverses reprises. On n'apprendra pas sans étonnement que ces remarquables ouvrages étaient dirigés par un simple maçon, maître François Boullet, payé à cinq sous par jour. Philippe de Beaujeu, évêque de Bethléem, fit en grande pompe, le 15 novembre 1545, la consécration de l'église nouvelle.

L'ichnographie ci-jointe et ses renvois faciliteront au lecteur de nous suivre dans la visite archéologique de Saint-Jean.

RENVOIS DU PLAN.

1. Chapelle de la Vierge.	A.	Sanctuaire.
2. — St François-Xavier.	B.	Chœur.
3. — Ste Marguerite.	C.	Nef.
4. — de la Résurrection.	D.	Bas-côtés.
5. — St Eloi.	E.	Tour.
6. — St Luc.	F.	Sépulcre.
7. — Ste Catherine.	G.	Portail St-Jean.
8. — St Sébastien.	H.	Sacristie.
9. — St Yves.	I.	Escalier des galeries.
10. — St Roch.	J.	— des tours.
11. — du Sacré-Cœur.	K.	— de l'orgue.
12. — St Michel.	L.	Baptistère.
13. — de la Nativité.	M.	Cour.

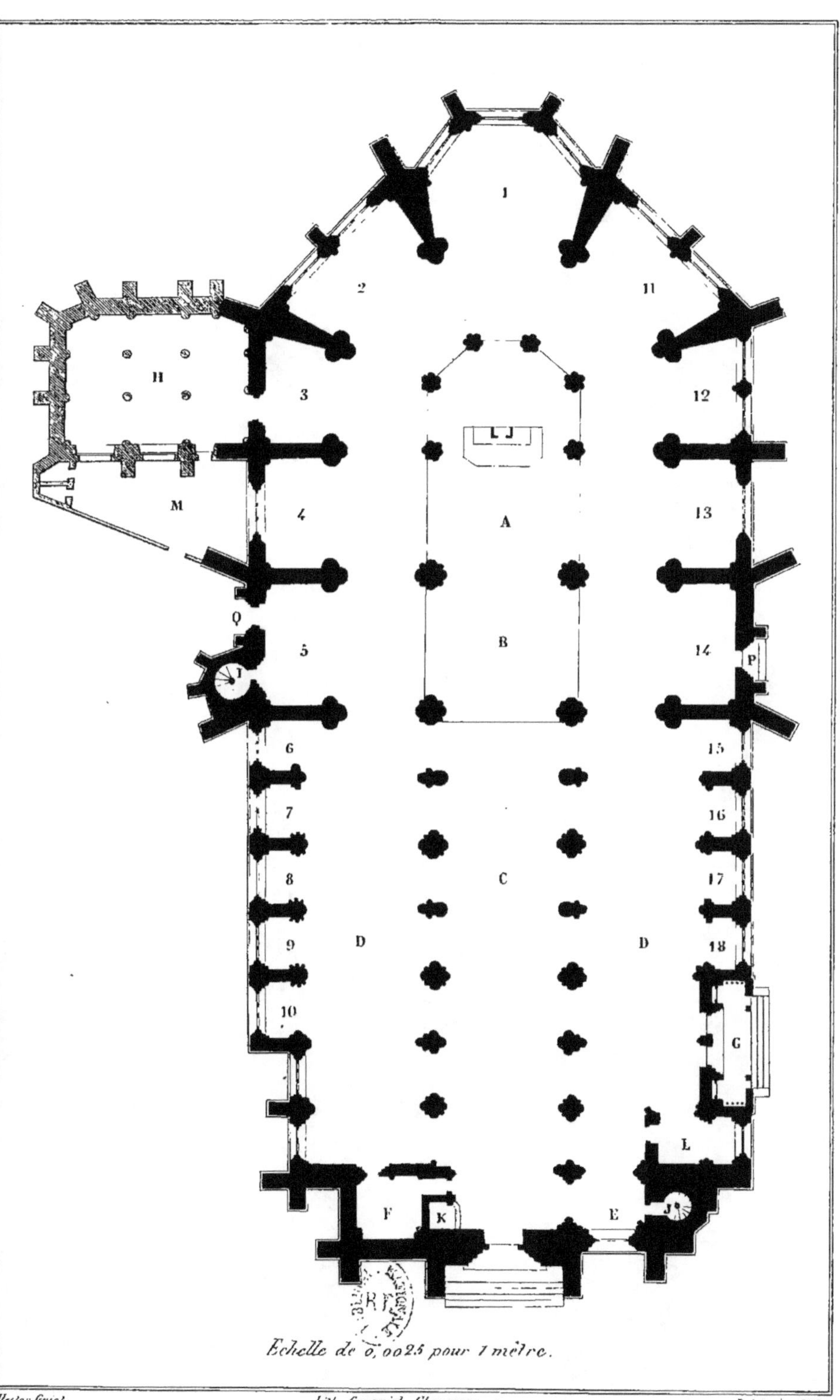

Hector Guiot.
Lith. Cavaniol, Chaumont.
Pointurier, Lith.
Echelle de 0,0025 pour 1 mètre.

<table>
<tr><td>14. Chapelle Ste Anne.</td><td>P. Portail Ste-Anne.</td></tr>
<tr><td>15. — St Pierre.</td><td>Q. — St-Eloi.</td></tr>
<tr><td>16. — St Jean.</td><td></td></tr>
<tr><td>17. — St Honoré.</td><td></td></tr>
<tr><td>18. — St Joseph.</td><td></td></tr>
</table>

A l'extérieur, le style ogival de la dernière période brille surtout au portail Saint-Jean, que maint touriste a emporté dans son album. C'est que la renaissance n'a pas touché à ce porche gracieux où l'on admire la richesse et la légèreté du XVe siècle. On y arrive par un large escalier; l'azur et les étoiles d'or de sa voûte pâlissent à l'air libre; ses parois sont ornés de réseaux détachés, semblables à ceux des fenêtres rayonnantes; les statues qui se tenaient debout sous ces dentelles de pierre ont disparu. La porte est double; un trumeau sépare les battants dont les panneaux, récemment sculptés sur un modèle pris à Beaune, ne sont pas tout à fait d'accord avec le ton de l'ensemble : le style flamboyant en est plus pur. On a restitué au tympan un bas-relief entouré d'une archivolte d'anges; il représente les mystères principaux de la vie du Précurseur. Les intelligentes réparations de ce portail sont dues à MM. Bouchard et Ragot.

Les portails Sainte-Anne et Saint-Éloi n'ont pas la même pureté que le précédent; il y a profusion de sculptures lourdes et tourmentées. La pierre a obéi à tous les caprices de l'imagination et s'est transformée, par une sorte de magie, en dentelles, en crosses de feuillages, en ceps de vignes, en salamandres,

coquillages et animaux fantastiques. Au pignon du midi, le XVIIe siècle a posé une fenêtre à pilastres et
volutes ioniques. Les contreforts, arcs et piliers buttants
qui appartiennent à la nef et aux bas-côtés se distinguent par la masse et la simplicité; mais autour du
chœur, ce sont des arcs-boutants à double rang d'arcades, des pinacles, des aiguilles, des galeries, des
corniches avec moulures et denticules, des gargouilles
effrayantes, vrais diables qui semblent fuir sous l'as-
persion de l'eau bénite en s'arrachant de la muraille
grisâtre où ils hurlent depuis 300 ans. Le toit du chœur
est plus haut que celui de la nef; c'est d'un mauvais effet
pour l'œil. Le dernier siècle a détruit le clocher à carillon qui se dressait au point d'intersection des branches
de la croix. Il menaçait ruine depuis longtemps; car,
en 1671, la ville intentait un procès « aux vénérables
du Chapitre, de Clervaux et du Val-des-Escholiers
décimateurs obligés aux dites réparations. » Nous
nous félicitons de voir le pied du monument se déga-
ger de ces sales baraques qui rongent, comme des
chancres, les murailles auxquelles elles s'adossent.
Le 13 avril 1626, on réclamait la démolition de celles
qui subsistaient alors; mais la mairie s'y opposa parce
que la fabrique en retirait un revenu.

A l'intérieur de l'église, quelle distance de la nef au
chœur! Ce ne sont plus ici les lignes ascensionnelles et
austères : les nervures prismatiques se promènent en
épais et lourd faisceau sous les voûtes qu'elles paraissent entraîner plutôt que soutenir. Elles naissent du

corps même des piliers ronds où les colonnes sont
remplacées par des flexions sinueuses (1). Les arceaux
se mêlent à l'intrados de la voûte dans un dédale inex-
tricable, et retombent çà et là en longs culs-de-lampe.
Si l'on ajoute à ces pendentifs, à ces stalactites ciselés,
les galeries ornées de dentelles, les corniches chargées
de rinceaux, de palmettes, de clous, de coquilles, de
rubans, cet escalier du croisillon gauche, qui monte
aux combles avec tant de vitesse et d'originalité, on
comprendra qu'un art pareil ait été pris pour une au-
rore, quoiqu'il ne fût qu'un crépuscule (2). Le déambulatoire a l'air d'une forêt, tant ses voûtes sont com-
pliquées de tiercerets, de formerets et de liernes. Les
clefs sont superbes. Les fenêtres des chapelles et celles
des pignons sont pourvues de leurs meneaux d'un style
flamboyant, dur et bâtard. Il est fâcheux qu'en 1706
l'on ait enlevé ceux des fenêtres du chœur. On fit cette
année-là une restauration, ou mieux, une dévastation
déplorable. Le jubé, dont nous ne savons rien autre
chose, fut détruit ; l'ancien maître-autel, banni ; celui
de la Toussaint, situé entre les deux piliers des anges
adorateurs, vendu ; les tombes à personnages d'anciennes familles chaumontaises, sculptés en creux, chan-

----

(1) Je suis obligé de signaler en ce point une inexactitude dans
le plan où sont accusées, autour des piliers du chœur, des demi-
colonnes qui n'existent pas.

(2) Voyez le frontispice.

gées en pavés ; le chœur, entièrement bouleversé. A qui faut-il s'en prendre ? Au siècle XVIIIe ; à ce que l'on appelait et qu'on appelle encore le bon goût. En ce temps-là, les ambonoclastes triomphaient ; on voulait voir clair dans les églises. Nous aurions bien tort de maltraiter les chanoines : ils étaient complices de leur siècle ; et que vouliez-vous qu'ils fissent contre tous ? Il est vrai que l'ordonnance du chœur rencontra de l'opposition chez le maire et les échevins, qui craignaient de n'avoir pas aussi belle place dans les cérémonies publiques ; mais François de Clermont-Tonnerre et son official, le docteur Lemannier, parvinrent à rétablir la paix.

Le chœur a le défaut d'occuper le transept ; et le sanctuaire, celui de n'avoir pas de table de communion. Les fidèles communient après la messe, à l'autel placé derrière l'autel-majeur ; n'est-il pas regrettable que cette cérémonie s'accomplisse en dehors du sacrifice dont elle est, jusqu'à un certain point, partie intégrante ? Les post-communions supposent toutes, ou presque toutes, la communion du peuple. Et puis, n'est-ce pas un spectacle édifiant, un bon exemple perdu pour la plupart des assistants, que celui des fidèles rangés à la Table-Sainte ? Du reste, le tabernacle, le reconditorium situé tout au fond du sanctuaire est conforme à l'antiquité liturgique.

Ce serait peut-être le lieu d'envisager Saint-Jean-Baptiste sous l'aspect symbolique ; mais nous pensons qu'il y aurait peu de chose à dire. Nous ne découvrons

pas d'idées mystiques dans les sculptures du XVIe siècle prises en particulier : la fantaisie de l'ouvrier les a
faites ce qu'elles sont, et l'on verrait tout au plus, dans
l'ensemble, l'idée du vice figurée par les êtres diffor-
mes qui se mêlent à l'ornementation végétale. L'orien-
tation, le plan cruciforme, la nudité comparative du
clocher nord, sont les trois symboles sensibles imprimés à l'architecture du XIIIe siècle (1).

La chapelle du rond-point est dédiée à la Vierge,
L'autel, ouvrage de Bouchardon père, doit être jugé
abstraction faite de la place qu'il occupe. Disposé pour le
chœur, il remplit beaucoup trop l'abside où on l'a relé-
gué. C'est, d'ailleurs, un morceau estimable : les gra-
dins supportent des colonnettes grecques ; la Vierge
est sous un baldaquin entre deux autres statues : le

---

(1) Le chevet des églises regarde le levant pour plusieurs raisons : Jésus, crucifié, avait, d'après la Tradition, la face tournée
vers l'Occident ; à son ascension, il s'éleva vers l'Orient ; il viendra de l'Orient au dernier jour ; le jour se lève de l'Orient et le
Christ est notre Orient, notre divine lumière ; le Paradis, dont le
péché nous a banni, était situé à l'Orient ; nous prions, tournés
vers le levant, où le soleil monte dans sa splendeur, en espérance
d'une résurrection glorieuse. — Souvent les églises de la période
hiératique sont moins ornées au nord, ou bien, les sculptures
représentent le péché, ou encore, l'ancien Testament plutôt que
le nouveau, parce que la liturgie attribue l'infériorité au septen-
trion. L'Écriture dit : *Ab aquilone pandetur malum super omnes
habitatores terræ* (Jérém. c. 1, v. 14.). Le nord est de sa nature
ténébreux, stérile et froid.

tout en bois doré. Les trois fenêtres sont garnies de vitraux peints modernes. La verrière du milieu sort de l'ate-
lier de M. L.... Certaines personnes trouvent du dessin
dans les médaillons qui la composent et qui représentent
des mystères de la vie de la Sainte-Vierge ; mais on ne
peut se dissimuler que sous d'autres rapports, cette
composition est faible : les couleurs sont pâles et d'un
ton de lavis ; les règles iconographiques sont violées
dans l'institution du Rosaire ; on a oublié le chien portant à la gueule un flambeau.

Les deux autres fenêtres éclipsent la première. M.
Maréchal de Metz y a placé les quatre évangélistes. Ils
sont debout dans des niches du XVIe siècle, et leurs
attributs se voient au-dessus d'eux, dans l'ovale que
les meneaux dessinent. Ces vitraux se distinguent
comme tous les ouvrages de cet artiste, par la noblesse
et la grandeur du dessin, par la vivacité des couleurs.
Saint Jean a le regard de l'aigle, saint Matthieu un
visage très-sévère : c'est que son évangile a été plus
que les trois autres, l'arsenal des Pères et la terreur
des hérétiques. Ces vitraux sont dus aux offrandes des
fidèles.

La chapelle dont saint François-Xavier partage la dédi-
cace avec saint Nicolas, est embellie par un grand arbre
de Jessé, sculpté en haut relief vis-à-vis de l'autel. Ce
morceau plein d'intérêt se compose de quatorze personnages en pierre assis sur les branches de l'arbre, et représentant la généalogie de la Vierge, selon saint Matthieu.
Jessé est endormi dans une chaise gothique, au pied

de la tige ; sa joue repose sur sa main , et le bras sur un coussin moëlleux. A sa gauche, Isaïe debout déroule un cartel ; à sa droite, on reconnaît la tête monstreuse de Goliath et le glaive qui la trancha. Les jambes de David pendent au-dessus ; on le reconnaît à sa harpe. Il n'est pas possible de désigner les autres rois ; car ils n'ont point que nous sachions de marques distinctives. La statue de la vierge a été brisée avec le pic. Nous n'hésitons pas à l'affirmer : peu d'arbres généalogiques sont aussi curieux que celui-là , attendu la grandeur et le beau travail des personnages, et la singularité de leurs bonnets , manteaux à chaperon et autres pièces de leurs costumes.

La chapelle Sainte-Marguerite, dite encore des Agonisants , est ornée d'un retable peint par Edme Bouchardon , le célèbre statuaire. Ce tableau n'a pas de coloris et n'est qu'une copie de Carle Maratte. Bouchardon avait 19 ans, lorsqu'il fit cette peinture ; c'est tout ce que l'église de son pays natal possède des œuvres du grand homme.

Rien de notable à la chapelle de la Résurrection. Au pilier qui la sépare de celle de St-Eloi est attachée une *Mère de Pitié,* soutenant sur ses genoux le corps de Jésus descendu de la croix ; elle correspond au *Bon Dieu de Pitié* assis à l'opposite, pieds et poings liés, le front sanglant et couronné d'épines. Ces deux sujets, le premier surtout, étaient aimés du peuple au moyen-âge ; et maintenant encore, ils excitent, à Chaumont, la confiance des malades et, spécialement, de tous les fidèles qui sont dans l'affliction. Comme objets d'art, ces sculptures n'ont pas de mérite.

A la chapelle Saint-Éloi, un médiocre tableau, servant de retable à l'autel orné de colonnes torses, représente cet évêque en habits pontificaux ; à ses pieds, une enclume, un calice et un marteau. Sur une autre toile de plus de valeur, est le groupe d'Hérodias et d'Hérode repris par saint Jean-Baptiste.

La chapelle Saint-Luce, dite aussi de Saint-Etienne, a changé de vocable lorsque l'on y transféra le tableau de saint Luce, envoyé de Rome par Jean Laborne, et destiné à la chapelle qu'il avait fondée (1). Cet excellent tableau est attribué à quelque peintre, héritier du génie des Carrache. Sur l'autel, deux statuettes : saint Laurent, en dalmatique, avec le gril et la palme ; saint Etienne, aussi en dalmatique : la palme, le livre et des pierres lui servent d'attributs. Mentionnons encore une belle Vierge-Mère suspendue au mur, vis-à-vis l'autel.

Sainte Catherine, à la chapelle qui porte son nom, est peinte en grisaille et sur bois. C'est, comme l'indique la Légende dorée, une jeune fille dont le costume révèle la noble condition. Elle comparaît à Alexandrie, dans une attitude ferme, devant l'empereur Maximin (2).

---

(1) Nous l'avons dit, page 106. — Le saint pape est devant un autel payen, où l'on voudrait l'obliger à offrir un sacrilége encens.

(2) Voir Jacques de Voragine : *Legenda aurea.*

On la voit encore, en cette chapelle, recevant au doigt un anneau que lui donne l'Enfant-Jésus : circonstance dont Jacques de Voragine et Pierre *de Natalibus* ne parlent pas ; mais le symbole est suffisamment clair.

Deux tableaux décorent la chapelle saint Sébastien : l'un est celui du saint martyr, percé de flèches par l'ordre de Dioclétien : il a du mérite, mais il a été retouché. L'autre représente Hérodias en courtisane accompagnée d'une suivante, et recevant dans un plat, de la main d'un bourreau à sinistre figure, la tête tranchée de saint Jean-Baptiste.

La statue de Saint-Ives en bonnet d'avocat, une charte à la main, orne la chapelle qui lui est dédiée. On y remarque aussi un fort beau crucifix en ivoire. Enfin, à la chapelle Saint-Roch, il est une statuette du patron tenant la fierte et la gourde ; un enfant montre du doigt, sur la cuisse du saint un bubon pestilentiel ou la plaie d'une flèche ; à côté, un chien porte un pain dans sa gueule. Cet icône bien que très-populaire a besoin d'être expliqué : saint Roch partit de Narbonne pour un pélerinage en Italie. Ce pays était en proie à une affreuse contagion. Saint Roch se rendit à l'hôpital de Plaisance et guérit tous les malades. Il eût ensuite la cuisse percée d'un coup de flèche dont il souffrit longtemps. A sa mort on trouva près de lui une tablette avec cette inscription : « Je notifie que ceux qui seront menacés de la peste, et qui auront recours à la protection de Saint-Roch, seront préservés de cette maladie (1). » C'est pourquoi son image réside souvent dans une niche, sur le linteau des portes, comme un signe tutélaire.

En remontant du portail au rond-point par le bas-côté méridional, la chapelle Saint-Blaise ou des Fonts se présente à l'angle même formé par la tour. Elle n'a plus ni autel ni fonds baptismaux ; sa voûte est basse, et supporte une tribune à balustrade en pierre.

Au pilier qui fait face à la porte Saint-Jean, se dresse la statue du Précurseur plus grande que nature ; ce n'est pas morceau méprisable. La chapelle Saint-Joseph, entretenue avec soin par la confrérie des maçons et des charpentiers, n'a rien qui fixe l'attention. Il en est de même pour celle de Saint-Honoré.

La suivante est dédiée à saint Jean-l'Évangéliste. Il tient un calice. On explique cet attribut soit par les paroles de Jésus : *Calicem meum bibetis ?* (Matth. c. 20.), soit par la légende qui lui fait boire du poison à Ephèse, à la conversion d'Aristodème, prêtre des Idoles. Nous ne passerons pas sous silence le tableau du Sacré-Cœur qui sert de retable. C'est, au point de vue historique, le plus curieux que possède Saint Jean-Baptiste. Il est certain, en effet, par la date de 1698 inscrite au bas de la toile, que l'on trouverait difficilement en France ou ailleurs un monument plus ancien du culte voué

____

(1) Legenda aurea.

par l'Église, dans les temps modernes, au cœur de Jésus. C'est en 1678 que ce culte spécial prit naissance
à la Visitation de Moulins. Il passa, en 1688, au diocèse de Coutances; en 1694, à Besançon; en 1718, à
Lyon. Or, il n'y a pas, à notre connaissance, de pays
où ce culte ait fleuri auparavant; de là, il s'est répandu dans l'église universelle (1). Nous avons donc raison
d'ajouter du prix au tableau de Chaumont, d'autant
plus que le jansénisme et les malignes influences du
concile de Pistoie ont fait disparaître en foule ces anciens tableaux, où les disciples de Quesnel ne voyaient,
pour citer un mot de leur affreux langage, qu'un
muscle rayonnant. La toile qui nous occupe représente
donc ce Cœur adorable dans une auréole de lumière;
il est percé d'une croix et couronné d'épines. Au-dessus,
la divine colombe. Le père assis sur les nuages, la tête
au milieu du nimbe triangulaire, complète la Trinité.
D'une main, il indique son Fils, et de l'autre il tient
un cartouche avec la légende : *Hic est cor dilectissimi
Filii mei in quo mihi bene complacui.* Enfin, au bas
d'un groupe d'anges prosternés, nous lisons :

Cor sacratissimvm et adorandvm ɪᴇsv
Hominis Dei cvi soli cvm Deo Patre et spiritv
Santo (sic) debetvr honor. 1698.

A la chapelle Saint-Pierre, le retable se compose de

---

(1) Il est entendu que nous parlons non pas de *dévotion*, mais
de culte public.

colonnes de marbre noir, d'un entablement et d'un fronton corinthiens. Les niches sont occupées par trois statues sans mérite de saint Pierre, saint Paul et saint Antoine, munis de leurs attributs ordinaires (1).

Saint Fiacre qui, au 7me siècle, quitta l'Irlande et le rang de prince, pour se faire ermite hospitalier dans un désert de la Brie, se tient debout à l'entrée de cette même chapelle, sous un dais entretenu par la confrérie des Jardiniers. Le patron a pour insignes la bêche et le rateau, le cordeau et l'arrosoir.

Au transept, sainte Anne est peinte sur l'autel qui lui est dédiée, enseignant la lecture à la Vierge, en compagnie de saint Joachim. Ce tableau est dû au pin-

---

(1) Ceux de saint Antoine sont le cochon, le livre et le bâton. La présence du cochon est justifiée par deux raisons ; la première, c'est que le diable emprunta cette forme pour tourmenter le solitaire ; Callot n'a fait que traduire un passage de la vie de saint Antoine, par saint Athanase ; la seconde, c'est que dans le diocèse de Vienne, en Dauphiné, on fonda l'ordre des frères de Saint-Antoine, pour soigner les pestiférés atteints du Feu-St-Antoine, ainsi nommé parce qu'il était guéri par l'intercession du saint ; or, ces frères avaient pour eux et les pauvres, des troupeaux de porcs qui étaient nourris aux frais des communes. C'était un si grand crime de les tuer par fraude, qu'on dit en Italie d'un individu frappé d'un malheur subit : *Ha forcc rubato un porco di san Antonio.* Le livre rappelle que le saint, quoiqu'il n'ait jamais su lire, était fort instruit dans les choses de Dieu, comme on le voit par les lettres qu'il a dictées. Le bâton, s'il se termine en forme de Thau, est le signe de la croix dont le solitaire s'armait contre l'enfer déchaîné.

ceau de **M.** Dalle, ancien professeur de dessin à Chaumont. Le martyre de saint Hipolytte écartelé par des chevaux est peint à l'huile sur la paroi latérale. Le lait de chaux cachait cet ouvrage assez pauvre. Le supplice est figuré sur le premier plan : il n'y a que les Espagnols, Ribeira et ses élèves, pour retracer de pareilles atrocités. Le tyran Décius préside au supplice qui s'exécute à la porte de Tibur : la ville apparaît dans le lointain. Deux personnages prient agenouillés en un coin de la scène. Voici la double inscription :

COMME JADIS PLAIN DE GRACE ET VERTU

SAINCT IPPOLYTE A LA FOY ADONNE

DE JESUS-CHRIST APRES ESTRE BATTU

NA PEU JAMAIS EN ESTRE DESTOURNÉ.

CE QUE VOYANT LE TYRANT EMPEREUR

TOUT EN RAIGE PLAIN DIRE ET DE FUREUR

PAR DES CHEVAULX INDOMITES TYRE

LUY FILT SON CORPS ET MEMBRES DELCHIRER.

1549.

Nous te prions o glorieulx martyr

Par le loyer (?) que tu as merite

Prier pour nous Dieu q soit so playsir

Après la mort le voir en trinite

Amen.

A la Nativité, notons une Vierge portant l'Enfant-Jésus, statue en pierre d'après Bouchardon le père ; et un beau tableau où la Vierge, saint Joseph et des anges adorent le Sauveur qui vient de naître. Sur l'arrière plan, la bonne nouvelle est annoncée aux bergers veillant à la garde de leurs troupeaux.

La chapelle placée sous l'invocation de saint Michel archange, offre la peinture des anges en adoration autour du trône de Dieu. Il serait trop long d'interpréter les attributs que tiennent plusieurs d'entr'eux, et qui se rapportent aux œuvres et messages dont ils furent chargés, suivant l'Ecriture. Cette scène apocalyptique est d'un artiste habile. Les statues en bois de saint François d'Assise et de sainte Thérèse, posées aux côtés de l'autel, sont également dignes d'éloges.

Une Annonciation, attribuée à Richard Tassel, le grand peintre langrois, est le plus bel ornement de la chapelle de la Charité, dite aujourd'hui du Sacré-Cœur. M. de Montrol, conseiller de préfecture, a donné l'ange de l'Annonciation, appendu dans cette même chapelle, où nous signalerons encore le tableau du retable peint, dit-on, par Alphonse Giroux : il représente le Sacré-Cœur adoré par deux anges. Bouchardon a sculpté saint Augustin en évêque et sainte Ursule ayant son cœur à la main ; ces deux morceaux sont de forte nature.

Si nous jetions un dernier coup d'œil sur le chœur, il nous faudrait admirer un saint Alexis en pélerin et à figure ravissante, que l'on croit d'André del Sarte ; les deux têtes de Notre-Seigneur et de la Vierge, par Tassel ; à l'abside, enfin, dans un riche et immense cadre qui fait grand tort à l'architecture en cachant la galerie à jour, l'orgie d'Hérode, pendant laquelle on apporte sur un plat le chef décollé de saint Jean-Baptiste. La physionomie du roi trahit les remords : la composition est piquante et le coloris estimé (1). Au bas de ce tableau, sur le *reconditorium*, deux anges adorent l'Enfant-Jésus, couché dans la crèche.

La chaire à prêcher et le banc-d'œuvre ont été sculptés en bois par un adroit ouvrier nommé Landsmann, d'après les dessins de Bouchardon le père. Ces ouvrages d'un talent supérieur demandent à être vus de près et en détail, aussi bien que le beau confessionnal des bas-côtés nord. Ce dernier meuble, qui présente aux artistes tant de difficultés à vaincre lorsqu'on veut y mettre de l'art, est parfaitement conditionné; il porte cette inscription : *Hic amor sanat saucios.* « Ici la charité guérit les blessés. »

Le buffet de l'orgue n'a rien de remarquable, non plus que l'instrument, dont les jeux sont médiocres et en mauvais état, si l'on excepte les flûtes. Un orgue-Stein est installé dans le chœur où il peut être utile pour les accompagnements. C'est encore un don de la piété des fidèles (2).

Des cloches nombreuses peuplèrent autrefois les tours de Saint-Jean-Baptiste. Il n'en reste que trois de

----

(1) Cette toile a été léguée par Jean Garnier, né à Chaumont, médecin à Nancy (1655).

(2) Cette sorte d'orgues se répand beaucoup dans les petites églises. Il a ses défauts, néanmoins : les notes hautes sont facilement étouffées par les basses. Les organistes d'aujourd'hui ayant, pour la plupart, le tort de ne point accompagner en laissant le dessus aux voix, il en résulte une harmonie misérable.

moyenne grosseur et deux petites. La plus forte est au levant. Cette cloche magnifique porte, sculpté aux fossures, saint Jean accompagné de l'agneau et abrité sous une porte à pilastres-cariatydes. L'inscription est enfermée entre des cordons de fleurs-de-lys et d'enroulements à têtes aîlées. Les oreilles sont sculptées en mascarons. Au milieu du nom des fondeurs, Jésus crucifié entre la Vierge et saint Jean ; au-dessus, dans un cercle de flammes, le monogramme I H S. Inscription :

L'an 1684, j'ai été nommée Charlotte Anne par Mre Charles de Scrota dv Chon, ch^{er} de l'ordre de St Jean de Hiervsalem, commandeur des commanderie de Thors, Corgebin et la Romagne, et dame Anne de Marcillac espovse de M. Jean Batiste le Moyne, S^{gr} de Villiers de Ninville et ch^{er} de l'ordre du roy, con^{er} en ses cons^{els}, lieu^t gn^{al} au bailliage et présidial de Chaumont, mes parrain et marraine, pendant que Me Antoine Dillov advocat en parl^t et Me Jean Batiste Gaucher con^{er} au présidial estoient marguillier et controleur de l'Eglise de St Jean Batiste de Chavmont. — N. Chapelle, J. Moreau et A de la Paix m'ont faict. 1684 (1).

La voix de cette cloche est si majestueuse et si pure qu'elle fait le désespoir des fondeurs qui l'entendent.

La seconde, au couchant, vient de l'église Saint-Berchaire de Châteauvillain. Elle porte le sceau du

---

(1) Nous ne corrigeons pas les fautes d'orthographe et laissons les abréviations telles qu'on les trouve.

Chapitre de cette ville. Ses ornements sont de fleurs-de lys et une grande croix fleurdelysée.

I H S, Maria ; Sancte Joannes evangelista ora pro nobis. Pour parrain Nicolas de l'Hospital, marquis de Vitry et pour mareine Madame Françoise Marie Pot de Rhodes, femme de haut et puissant seigneur Me François Marie de l'Hospital, duc de Vitry l'an 1652. — M. Martin Rolin m'a faicte.

La troisième a peu d'ornements :

Cette cloche a été fondue et bénite au mois d'août 1777, par les soins de MM. de Pons, maire ; Babouot, curé ; de Gondrecourt, Husson de Sampigny, d'Urville, Hein, échevins ; Sirjean, premier administrateur, et Jeanson, marguillier de cette église.

Au-dessous d'un crucifix, dont la Madeleine embrasse le pied, on lit : *J.-B. Bollée et J.-François Michaud m'ont faite.*

Ces trois cloches sonnent ensemble une tierce majeure, ce qui donne à la sonnerie un caractère d'allégresse moins convenable pour les fêtes de deuil. La tierce mineure, employée à Langres, par exemple, exprime mieux la douleur et même la joie empreinte d'une mélancolie douce, sympathique aux fêtes de l'Église toujours mêlées ici-bas de quelque tristesse : *Heu mihi, quia incolatus meus prolongatus est ; habitavi cum habitantibus cedar multum incola fuit anima mea.*

La petite cloche du nord a été fondue à Louvain, en Belgique ; son timbre est d'une merveilleuse sonorité. Des feuilles de chêne la décorent :

Andreas Vanden Geyn me fudit Lovanii, anno 1727.

La dernière, au midi, porte les armes de Chaumont, que j'ai traduites ailleurs :

IHS. L'an 1677 *je fus faite, les maires et eschevins de la ville de Chaumont parrains et Damoiselle Catherine Des Jours maraine.*

Avant de clore cette notice, quelques mots sur le trésor de l'église et sa liturgie sont nécessaires pour achever l'histoire et la description de Saint-Jean-Baptiste. La sacristie, où l'on conserve les objets qu'il nous reste à voir, n'est pas la moins belle partie du monument. Elle est voûtée dans le style du déambulatoire, et l'on ne peut assez regretter qu'on l'ait mutilée, en 1764, pour faire un escalier nouveau, poser les armoires et le vestiaire, et ouvrir des fenêtres en taillant sans pitié dans les gerbes de nervures. Passons rapidement sur les reliquaires : les uns sont en bustes ; les autres en tombéaux ; le travail en est bon, mais ce sont moins ouvrages d'art que de métier (1). En fait de vases sacrés, nous avons été charmés par un ancien calice en vermeil, au galbe bien profilé ; sa coupe a été renouvelée ; il est décoré en relief des scènes de la Passion. L'intérêt s'attache davantage aux graduels et antiphonaires manuscrits sur vélin, autrefois à l'usage du Chapitre. Parmi ces in-folio du XVIe siècle, au

---

(1) Beaucoup datent de 1665, car cette année on convertit en reliquaires les vieilleries du trésor.

nombre de 20 environ, il en est qui sont illustrés de miniatures, d'initiales coloriées sur fond d'or, de marges où brillent les fleurs et les arabesques. Pourtant, nul n'est remarquable par la perfection du travail, et la plupart ont souffert. La liturgie qu'ils contiennent est langroise, ou plutôt romaine, modifiée par les us propres du diocèse. On peut y lire les anciennes séquences qu'on ne chante plus, et des offices curieux tels que celui de la sainte larme du Christ, célèbre relique de Vendôme, que le docte Mabillon osa défendre contre les hardiesses de Thiers, curé de Vibraie (1). Voici la prose; elle résume l'histoire de la prétendue relique et a été insérée dans le missel de Chartres de 1535, dans celui du Mans de 1559, etc. :

O lacryma gloriosa Christi precharissima

Gemma cœli preciosa lymphaq. purissima

A Christoq. nata angelo collecta

Magdalene data Maximino vecta

Imperatori græcorum unde presentata

Gaufredo Vandomorum ad locum translata

Interna et externa conserva lumina

Gratia sempiterna corda illumina

O fulgida o lucida o lympida

Quæ semper inviolata permansisti.

---

(1) Les développements d'une messe comme celle-ci demanderaient un volume à un érudit. — Voyez : Dissertation sur la sainte larme de Vendôme, par Thiers, Amsterdam, 1751 ; Lettre d'un Bénédictin à Mgr l'évêque de Blois ; Réponse de Thiers à la lettre du P. Mabillon.

On ne peut qu'indiquer aux amateurs de nos antiquités liturgiques locales une mine inépuisable.

Pour réaliser le désir de citer une pièce de chant de l'ancienne collégiale, j'ai eu l'embarras du choix ; il s'est arrêté sur la prose de la fête patronale, d'abord parce qu'elle rentre plus naturellement dans le sujet de cette notice ; ensuite, parce qu'il y a lieu de la croire propre à l'église de Chaumont. En effet, vous ne la trouvez ni dans les vieux missels romains, comme celui de Thielman Hervet où l'on a recueilli les morceaux de ce genre (Paris, 1552) ; ni dans les anciens missels de Langres, qui en renferment deux en l'honneur du même saint (1). La versification et le chant de la séquence *Sospitati* portent à nos yeux les caractères du XVe siècle, ce qui nous enhardit à la croire contemporaine de l'institution du Chapitre et du Pardon-Général (2). Nous y avons joint un accompagnement con-

---

(1) Elles commencent par ces mots : *Gaude caterva Dici presentis...* et *O plusquam propheta ! gemma sanctorum.* Voir les missels de l'insigne église de Langres imprimés à Troyes, chez Lecoq, en 1549 , 1572 etc... Nous avons cherché la prose *Sospitati* dans l'ancien missel de Paris, appartenant à la bibliothèque de Chaumont, n° 47 des manuscrits ; mais les dernières pages du recueil des séquences ont été enlevées, et ce livre est d'ailleurs plus ancien que la pièce en question.

(2) Du reste, nous connaissons des chants plus anciens qui ne sont pas fort différents de celui-ci. Par exemple, à la fin du *Mystère de Daniel* (XIIIe siècle), édité naguère par M. Danjou

ANCIENNE PROSE

en

L'HONNEUR DE S⸱ JEAN-BAPTISTE.

Accompagnement par F. Godard.

5. Vir-go martyr et prophe-ta, sanctus ab i - ni - ti - o
6. Au-re-o-la co-ro-na-tur, tri-pli-ci pro proemi-o
7. Ergo si-bi re-fe-ra-tur laus et ju-bi-la-ti-o
8. Cujus Deo praepara-vit vi-am praedi-ca-ti-o
In e - re - mo

forme aux règles du contrepoint primitif; cette prose étant assez éloignée de la tonalité moderne pour que l'harmonie telle que les organistes la pratiquent d'ordinaire, la défigure entièrement.

Aucun des manuscrits de Saint-Jean ne surpasse en valeur un missel diocésain imprimé en 1517, et dont les initiales et les images sont faites à la main, coloriées et rehaussées d'or. Il est intitulé : *Missale Diocesis lingonensis, nunc cum variis additamentis, et in fine devotis officiis atque prosis antehac nusquam visis. In almá parisiorum academiá. Impensis Johannis Parvi impressum anno Domini MCCCCCXVII.* C'est celui dont nous avons parlé page 62, et qui fut donné par Michel Boudet. Il ne porte point cependant les armes de cet évêque qui sont *d'azur à la bande d'or*, mais celles de Langres, *d'azur semé de fleurs de lis d'or, au sautoir de gueules surtout.* Il n'y a pas de houppes ni de manteau ducal : la crosse épiscopale suffit à désigner le donateur. Le prix de cet exemplaire ne vient pas seulement de ce qu'il est unique (1), mais aussi de sa propre beauté. Le vélin est très-bon et l'or posé en linéaments d'une finesse extrême. Les siècles n'ont pas

---

(Revue de la Musique), le premier verset de notre prose se retrouve note pour note dans cette phrase du roi : *Danietem educite etc...,* et le troisième, dans la précédente réponse de Daniel.

(1) S'il existe quelqu'autre exemplaire de cette édition, il n'est point orné comme celui-ci ; car un seul, dit-on, partagea ce privilége avec lui, et personne ne connait ce volume.

terni ces vives couleurs qui semblent répandues d'hier. L'imagier fait preuve d'un talent exquis dans l'exécution des divers sujets qui distinguent les parties du livre et ornent le texte des principales fêtes. Ils sont en général connu des iconographes, et la gravure sur bois les reproduit dans les livres liturgiques du XVIe siècle. La tête à trois faces, symbole de la Trinité ; la Vierge de la Conception, entourée d'emblêmes prophétiques ; l'arbre de Jessé pour la Nativité, et une foule d'autres images d'un coloris irréprochable intéressent l'archéologue. Le liturgiste n'aurait pas moins à observer. Il y a plus de cinquante messes qui ne sont pas au romain ; celles des saints du diocèse de Langres ; nombre de proses que la réforme liturgique, décidée au concile de Trente, a supprimées ; des additions au canon, au *Gloria in excelsis* des fêtes de la Vierge, etc. Le calendrier a cela de commun avec celui d'autres vieux missels, qu'il contient les rudiments des *almanachs* modernes (1). Ainsi, outre le calendrier proprement dit, la lettre dominicale, le nombre d'or, les signes du zodiaque, on trouve les mois caractérisés par un hémistiche

---

(1) C. F. Les missels de Langres de 1549, 1572 ; de Paris, de 1504, 1557, etc. Les *Heures de Rome* de Pigouchet (Paris, 1598) portent positivement en tête : *Almanach pour xxi an ;* puis un homme nu, éventré, de manière que le cœur, le foie, le rein correspondent par un trait aux astres qui les influencent ; des avis pour les saignées selon les divers tempéraments, et les signes du zodiaque.

ou un vers entier, l'indication des jours néfastes, et,
enfin, des principes d'hygiène mis en quatrains, auxquels l'école de Salerne ne souscrirait pas toujours. Nous
rejetons aux notes ces bizarres choses pour prendre
seulement les vers prophétiques. On dirait à leur obscurité qu'ils sortent de la bouche du sphinx :

> Jani prima dies et septima fine timetur.
> Ast februi quarta est procedit tertio finem.
> Martis prima necat cujus sub cuspide quarta est.
> Aprilis decima est undeno fine minatur.
> Tertius in maio lupus est, et septimus anguis.
> Undecimo junii quindenum a fine salutat.
> Tridecimus julii decimo invitante kalendas.
> Augusti nepa prima fugat de fine secunda.
> Tertia decembris vulpis fert a pede denam.
> Tertius octobris gladius decem in ordine nectit.
> Quenta novembris acus vix tertia mansit in urna.
> Dat duodena cohors septem inde decemque december.

Nous n'osons pas nous aventurer dans une traduction littérale, entrevoyant à peine la clef de l'énigme :
les soirées des premier et septième jours de janvier
sont à craindre, ainsi que le premier de mars; le danger dure encore au 4 de ce mois. Les 10 et 11 avril
sont menaçants. Au 3 de mai, le loup, et au 7, le
serpent mettent en péril. Redoutez les journées du
11 au 15 juin, du 10 au 13 juillet, etc.

Ces vers ne se lisent point dans les autres missels,
soit parce que l'on condamnait ces prédictions astrolo-
giques, soit, pour les livres postérieurs à 1579, à cause

de l'ordonnance de Henri III qui défendit « à tous fai-
seurs d'almanachs d'avoir la témérité de faire des prédictions sur les affaires civiles ou de l'état, ou des particuliers, soit en termes exprès ou en termes obscurs. »

On aurait encore d'autres ouvrages à admirer, si la
Révolution n'avait pas occasionné tant de vols dans les
églises. Les objets d'art s'étaient lentement agglomérés
au trésor depuis Sixte IV, dont la bulle atteste déjà la richesse de Saint-Jean qu'elle qualifie « d'église insigne et
fameuse entre celles de la contrée, et convenablement
pourvue en joyaux, livres et ornements sacrés » (1).
On a constaté la perte de deux bustes de saint Eloi en
argent, des bustes de saint Joseph, saint Jean-Baptiste
et saint Edme ; d'une décollation de saint Jean-Baptiste
en argent : tête et plat ouvragés en perfection ; d'une
lampe d'argent ; de croix processionnelles, dont une
d'argent doré ; d'un ostensoir en vermeil ; de huit cali-
ces, etc. Quant aux statues, nous tenons de témoins
oculaires qu'on les avait rangées, en grand nombre et
à la file, dans la cour de la maison sise en face du portail ; les enfants les mutilaient à coups de pierres, et,
pour n'être point *suspect,* il fallait applaudir. Les statues des apôtres qui couronnaient les piliers buttants de

---

(1) *Inter cæteras illarum partibus parrochiales ecclesias insignis
ac jocalibus, libris, aliisque ornamentis ecclesiasticis decenter decorata.* » Bulle d'érection en collégiale.

la nef sont particulièrement regrettés. Il est certain aussi que les quatre évangélistes suspendus à la voûte de la nef furent renversés dans le même temps, et les plombs des gouttières arrachés. — Que serait-il arrivé si des hommes moins modérés avaient été placés à la tête de la ville?

L'église de Chaumont est classée parmi les monuments historiques. Reste à savoir si l'État aura pour elle plus de sollicitude que la municipalité. Quelques milliers de francs suffiraient aux réparations urgentes. Si la toiture demeure dans le même abandon, si l'on ne s'inquiète pas des piliers de la nef qui fléchissent et se lézardent, il est à craindre que bientôt le mal soit sans remède, ou qu'il faille, pour le conjurer, des sommes considérables.

FIN.

NOTES.

(N° 1.) *Notes sur les statuts et ordonnances des corps de métiers de la ville de Chaumont.*

Les statuts des corps de métiers avaient, en général, pour but de prévenir la mauvaise fabrication , la déloyauté dans le commerce et dans la confection des ouvrages de toute espèce.

En 1492, les statuts sur le *mestier* des *Cousturiers* furent renouvelés et signés par le lieutenant-général Pierre de Gié, licencié en droit, et par le bailli Jean, seigneur de Vaudrémont. La corporation nommait des jurés pour juger les cas d'infraction au règlement. On n'était admis au nombre des maîtres qu'après avoir offert ses chefs-d'œuvre en preuve de capacité. Pour un habit mal taillé, mal cousu, on payait 2 sols au tronc de la confrérie qui avait la bannière de Notre-Dame.

Les ordonnances pour les Tisserands ou Tixiers, nommés au nombre de quatorze, sont de 1496. Les peignes devaient avoir cinq quarts et demi de largeur à l'aune de Provins. Pour être reçu en qualité de maître, un fils de maître paie 20 sols ; un ouvrier, 30 sols, s'il est Chaumontais, et 50, s'il est étranger. Patrons : saint Pierre et saint Paul.

Les boulangers fixèrent leurs statuts en 1518, avec l'autorisation de Jean de Mesgrigny, licencié en droit, lieutenant-général, et de haut et puissant seigneur Jean d'Amboise, bailli du roi. Le prix de la livre de pain est déterminé selon le prix du bichet de blé. Il est défendu aux boulangers d'être *hostelliers*, ni *taverniers*.

En 1520, furent dressés les statuts des bouchers. Ils jurent, *au corps de Nostre-Seigneur Jésus-Christ, en l'église et aux saincts évangiles de Dieu,* de vendre bonne chair et loyale. Il est défendu de tuer *bêtes glaireuses et punaises* ; d'écorcher chiens, chats, chevaux, etc. Les viandes ne seront mises en vente qu'après avoir été visitées. La vente est interdite le vendredi, le dimanche et le matin du samedi.

Sept pâtissiers arrêtèrent, en 1562, le règlement de leur corporation.

En 1574, on fixa le règlement de la confrérie de saint Éloi. Ont signé huit potiers d'étain, trois couteliers, sept maréchaux, trois chaudronniers, un fondeur, un poëlier, deux artilleurs et un éperonnier.

En 1576, dix chapeliers signent le règlement de leur confrérie.

Le règlement des orfèvres date de 1578. Il y avait alors quatre maîtres de cette profession.

Les tonneliers, dont les ordonnances sont de 1568, doivent mesurer les tonneaux à la *moison* (mesure) de Bar-sur-Aube, employer de bons bois et, s'ils ont le titre de *gornietz* (gourmets) *jurez,* goûter et juger les vins. Les amendes sont consacrées à l'entretien des murailles de la ville.

La même année, on dressa les statuts des serruriers. Il leur est défendu de faire aucune clef sur empreinte de cire, pâte ou terre grasse pour les domestiques ou les enfants. Ils ne se serviront pas de fer aigre, mais doux et corroyé au marteau.

En 1620, la confrérie de saint Michel, laquelle se composait de tous les ouvriers travaillant le cuir, tanneurs, corroyeurs, cordonniers, bourreliers, renouvela ses statuts qui remontaient à l'an 1466. Les cordonniers avaient la bannière de saint Crépin et de saint Crépinien.

Les couvreurs renouvelèrent leurs ordonnances, en 1622, sous le patronage de saint Joseph. Ils étaient quinze maîtres présents. Le cahier porte que l'observation des règles est d'autant plus essentielle pour la ville que les citernes seules fournissent l'eau à la population. Quiconque veut être reçu maître doit présenter ses chefs-d'œuvre en 5 genres : ardoise, plomb, tuile, *clavin* et *laive.*

Les barbiers-chirurgiens et les apothicaires avaient également leurs ordonnances approuvées du roi.

(N° 2). *Lettre de l'éminentissime cardinal Mazarin au Chapitre de Chaumont.*

Messieurs, j'ai reçu la lettre que vous m'avez écrite sur le désir qu'avez d'avoir dans votre église le corps de feu M. de Magalotti, avec beaucoup de satisfaction des témoignages que vous y donnez de la tendresse et de l'affection que vous conservez pour lui et combien vous honorez sa mémoire ; et véritablement, outre que la gratitude vous oblige à ces sentiments pour une personne qui a rencontré sa ruine dans votre conservation et en vous restituant une première liberté, tous les bons français ne peuvent que regretter la perte d'un sujet dont le zèle, le courage et l'habileté faisaient concevoir avec justice des espérances qu'il continuerait à rendre toujours de plus en plus des services très-considérables à cette couronne ; mais parce que Dieu l'a ainsi demandé, nous ne pouvons nous conformer qu'à sa volonté. J'écris aux Capucins de votre ville que celle de la Reine est qu'ils vous remettent le corps du défunt qui a demeuré jusqu'ici en dépôt dans leur église, pour être inhumé dans la vôtre. Si, en quelqu'autre occasion de votre intérêt ou de votre satisfaction, vous me faites savoir que je vous puis être utile, je l'embrasserai avec joie, pour vous montrer que je suis autant que vous puissiez le désirer, en général et en particulier, Messieurs, votre très-affectionné à vous servir.

(N° 3). Universis præsentes litteras inspecturis, nos magister Morellus decanus Christianitatis Calvimontis et Symon Præpositus de Luzeyo, Notum facimus quod propter hoc in nostra præsentia personaliter constituti Richardus filius Mareceti de Warbilla et Jordana uxor ejus recognoverunt se vindidisse Priori et Fratribus Vallis-Scolarium, etc. Pro trigenta solidis lingonensibus.. In cujus rei testimonium sigilla nostra præsentibus litteris duximus apponenda. Actum et datum anno D. M° CC° LXIX° mense octobri.

(N° 4). *Bulle de l'érection du Chapitre. — Bulle du Pardon-Général et Accord de 1492.*

Sixtus episcopus servus servorum Dei ad perpetuam rei memoriam..
Cùm itaque sicut fide dignorum relatione nobis innotuit, Parochialis ecclesia sancti   hannis Baptistæ loci de Calvomonte, Lingonensis diœcesis inter cœteras illarum partium parrochiales Ecclesias, insignis ac formosa, ac jocalibus, libris aliis que ornamentis ecclesiasticis decenter decorata existat, in ea quoque sicut unus Rector ac duodecimo presbyteri sœculares, Capellani nuncupati, inibi divinis assiduè assistentes officiis, qui ex anniversariis in eadem Ecclesia celebrari solitis et aliorum Christi fidelium largitione honeste vivunt, spes quoque sit versimilis, quod si Ecclesia ipsa in collegiatam Ecclesiam erigeretur, cultus in ea augmentaretur divinus, ac nobilium et incolarum habitatorum dicti loci ad eamdem Ecclesiam devotio non mediocriter augeretur; Nos igitur qui cultum eumdem, nostris potissimum temporibus ubique augere intentis desideriis allectamus, motu proprio, non ad alicujus nobis super hoc oblatæ petitionis instantiam, sed ex nostra mera liberalitate et ex certa scientia, præfatam Ecclesiam aucthoritate apostolica, tenore præsentium, in collegiatam Ecclesiam erigimus et collegialibus nomine titulo et honore insignimus, honoramus, decoramus, ac in ea Decanatum, qui inibi dignitas sit principalis, pro uno Decano qui perpetuo illius ratione Capituli, Canonicorum et personarum, in ipsa Ecclesia pro tempore degentium caput existat, ac illorum excessus et crimina puniendi et corrigendi, aliaque pro tempore pro ut expedire cognoverit faciendi et exequendi protestatem habeat, necnon quæ per canonicos dictæ Ecclesiæ actu prebendatos, duntaxat teneantur et rogantur, ac iuibi officia simplicia sint thesauraria et cantoria quarum thesaurarius primum, cantor secundum loca post decanum in Ecclesià, choro, Capitulo, processionibus et aliis actibus et locis teneant et possideant, necnon duodecim canonicatus et totidem prebendas pro duodecim canonicis qui, ac dictus Decanus apud eam-

dem Ecclesiam continue, assidue, die noctu que singulas Horas
canonicas decantare et illis personaliter interesse teneantur et de-
beant, authoritate motu et scientiâ similibus instituimus, ordina-
mus et deputamus, ac nomen Rectoris inibi supprimimns et ex-
tinguimus, etc.

Bulle du Grand Pardon-Général.

Sixtus, episcopus, servus servorum dei, universis Christi fidcli-
bus præsentes litteras inspecturis, salutem et apostolicam bene-
dictionem. Altitudo providentiæ divinæ majestatis nullis inclusa
limitibus, nullis terminis comprehensa, recti censura judicii, cælcs-
tia pariter et terrestria ordinat et disponit, ministros suos et cul-
tores altis decorando honoribus; devotionem quoque ipsorum ,
Christi fideles quasi quibusdam alliciendo muneribus, ut eos effi-
ciat cælestis patriæ possessores, invitare consuevit ad debiti famu-
latûs Deo et sanctis ejus honorem, de cujus dulcedine ægris medi-
cina, languentibus solamen, reis culpæ remissio, et cunctis ipsius
patrocinium implorantibus misericordiæ rivulus dignoscitur ema-
nare.

Dudùm siquidem ecclesiam sancti Joannis-Baptistæ loci de Calvomonte lingonensis dioccsis, tunc parochialem motu proprio in
collegiatam creximus ecclesiam, ac collegialibus, nomine titulo et
honore nonnulisque aliis privilegiis, concessionibus et indultis
insignivimus et decoravimus, proùt in diversis nostris indè confec-
tis litteris pleniùs continetur.

Cupientes igitur ecclesiam ipsam in quâ venerabilis frater noster Joannes de Montemirabili, episcopus vassionensis, referenda-
rius noster, sacri baptismatis undâ renatus fuit, ejusque parentum
corpora inhumata reperiuntur, peramplius honorare, ac specialibus cælestis gratiæ donis attollere, de omnipotentis Dei misericor-
diâ, ac beatorum Petri et Pauli apostolorum ejus auctoritate con-
fisi; omnibus et singulis utriusque sexûs fidelibus verè pœniten-
tibus et confessis, qui ecclesiam ipsam in proximè fùturâ beati
Joannis-Baptistæ nativitatis festivitate, ac ex tunc in posterum in
singulis beati Joannis-Baptistæ nativitatis hujusmodi diebus, qui-

bus festivitatem ipsam Dominico die celebrari contigerit, et quoties festivitas ipsa eodem Dominico die occurrerit, à primis Vesperis usque ad secundas Vesperas ejusdem festivitatis inclusivè devotè visitaverint, *plenissimam omnium* et singulorum eorum criminum, excessuum, peccatorum, atque delictorum *remissionem* et *indulgentiam*, auctoritate apostolicâ, et ex certâ nostrâ scientiâ, tenore præsentium concedimus et elargimur. Ut autem fideles ante dicti ecclesiam prœdictam tempore dicto confluentes et visitantes, conscientiæ pacem, et animarum salutem, ac easdem indulgentias, Deo propitio, consequantur, purgatis eorum cordibus, se ad illas acquirendas constituant promptiores ; dilectis filiis decano et capitulo dictæ ecclesiæ presbyteros idoneos, seculares, vel quorumvis ordinum regulares, in ipsâ ecclesiâ et ejus circuitu, et aliis locis ubilibet, etiam quantùmcumque ab eâ remotis, qui ad ipsam ecclesiam advenientium fidelium eorumdem pro plenissimâ hujusmodi indulgentiâ consequendâ, etiam cum majori confitentium quiete, per tres dies ante tempus indulgentiarum hujusmodi, et in illo, ac post illud per tres alios dies confessionibus diligenter auditis, eos omnes et singulos ab universis et singulis excommunicationis, suspensionis et interdicti, aliisque ecclesiasticis sententiis, censuris et pœnis, necnon criminibus et delictis, ac peccatis per eosdem fideles pro tempore perpetratis, etiam in singulis casibus sedi apostolicæ generaliter vel specialiter reservatis, plenissimam absolutionem et remissionem semel duntaxat tempore prædicto, in formâ ecclesiæ consuetâ, impendere et pœnitentiam salutarem injungere ; vota quoque, ultramarino, liminum beatorum Petri et Pauli, ac sancti jacobi in Compostellâ apostolorum, necnon profitendæ religionis votis duntaxat exceptis, in alia pietatis opera commutare valeant ; deputandi plenam et liberam eisdem auctoritate et tenore impartimur facultatem, præsentibus, perpetuis, futuris temporibus duraturis, nonobstantibus quibuscumque similium aut aliarum quarumcumque indulgentiarum specialibus vel generalibus suspensionibus et revocationibus per nos et prædecessores, ac forsan successores nostros de illis ex quâcumque causâ vel ratione, etiam pro quâcumque expeditione contrà Christi nominis inimicos, sub quàvis formâ verborum factis et faciendis, quas etiam si de illis earumque totis tenoribus specialis et expressa et non sub conditione mentio habenda foret, ad litteras et concessionem hujusmodi se minimè extendere decernimus per præsentes. Datum Romæ apud sanctum Petrum, anno incarnationis Dominicæ *millesimo quadringentesimo septuagesimo quinto, sexto idus februarii*, pontificatûs nostri anno quinto. Sic signatum suprà plicam. P. DE MONTE.

Extrait du Concordat fait entre le Chapitre et les habitants de Chaumont, en 1492.

« Iceulx procureur du roy et habitans pour eulx et leurs successeurs perpétuellement, considérant les biens spirituels et temporels qui peuvent venir d'icelle érection et mutation de ladicte Eglise paroissiale, et de curé en doyen et des dicts chappelains en chanoines es droictz, prééminences que la dicte Bulle le contient, consentent que les dicts doyen et chanoines qui sont en tout le nombre de treize personnes soient et demeurent doresnavant doyen, chanoines et curez d'icelle Eglise de Chaumont, selon le contenu des dictes Bulles et en suyvant le bon vouloir, affection et plaisir de nostre dict sainct Père le Pape ; en consentans la dicte érection et le contenu des dictes Bulles sortir leur plain et entier effect selon les modifications escrites en ces présens traictez et pour le régime et cure des âmes des habitans d'icelle ville et paroisse et pour administrer les sacrements de l'Eglise, iceulx doyen, chanoines et chapitre ayent et ont puissance d'eslire, commettre, députer l'ung d'eulx pour le régime des dictes âmes, et administrer les dicts sacremens à leur bon plaisir et advis pourveu qu'ils soient ydoines et suffisans. » Item est traité et accordé : que les membres du Chapitre résideront à la ville pour la desserte de la paroisse ; que les élections se feront par les chanoines et les députés laïques comme par le passé ; que la permutation ne peut se faire qu'avec l'agrément des électeurs ; que tout chanoine doit à la Fabrique, lors de son entrée au Chapitre, une chappe de dix livres tournois ; que les chanoines, en cas d'absence, se font remplacer par des prêtres considérés comme prébendiers ; que les prébendiers seront chargés de la sonnerie et de la propreté de l'Eglise ; que le Chapitre acquittera les fondations avec exactitude ; qu'il accompagnera les bâtons de confréries les jours de fête des patrons ; qu'il fera la procession du *Corpus Domini*, le jeudi-saint, du grand-autel au sépulcre ; que la fabrique, enfin, est obligée d'entretenir le mobilier de l'église et le monument lui-même.

(N° 5). *Liste de tous les Doyens, Curés et Chanoines de Chaumont, depuis 1212, jusqu'en 1848* (1).

CURÉS.		DOYENS.	
Date approximative de la prise de possession			Dates certaines.
1 Renaud	1212	1 Etienne de Clamenges	1475
2 Pierre de Flavigny	1230	2 Nicole de Laharmand.	1479
3 Renauz	1250	3 Jean Travaillot	1500
4 Nicolas Morel	1256	4 Pierre Hardy	1500
5 Jean	1285	5 Gilles Degié	1503
6 Simon de Chaumont	1300	6 Adrien Rose	1545
7 Hugues	1303	7 Guillaume Rose	1573
8 Etienne	1315	8 Claude Thomassin	1584
9 Guillaume Faras	1355	9 Alexandre de Gondre-	
10 Jean Henri de Château-		court	1588
villain	1385	10 Noel Facenet	1592
11 Nicolas Morel	1391	11 Pierre Piétrequin	1597
12 Pierre Pavillon	1413	12 Jean Jobelin	1633
13 Guillaume Coiteuset	1430	13 Antoine Rose	1634
14 Jean Casset de Vocon-		14 Nicolas de Poiresson	1670
court	1437	15 Alexandre Legras (**)(*)	1704
15 Jean Robert	1437	16 François Simon	1707
16 Simon de Brouille	1462	17 Nicolas Husson de Sam-	
17 Etienne de Clamenges	1467	pigny	1731
		18 Louis Perny	1765

(1) Les chantres sont marqués par deux ** ; les trésoriers par un seul *.

CURÉS, DEPUIS LA RÉVOLUTION.

1 Garret.	3 Chambray.
2 Sirjean.	4 Mallarme.

CHANOINES.

Entrée.		Sortie.	Entrée.		Sortie.
1475	Ogier Collinet * ...	1482	1500	Claude Rollot.....	1529
1475	Simon Crolebois **.	1496	1500	Pierre Toussaint ..	1501
1475	Jacques Robelin * .	1483	1500	Pierre Malingre ** .	1532
1475	Jean Michelin * ...	1509	1500	François Basquier..	1528
1475	Pierre de St-Martin.	1485	1501	Jean Joyot.......	1524
1475	Jacques Perrin....	1489	1509	Sébastien Guillaume	1528
1475	Jean de Gumont...	1481	1514	Nicolas Beugnot...	1531
1475	Nicolas Boulet ** ..	1499	1517	Guillaume Picard **	1548
1475	Nicolas Malingre ..	1485	1520	Alain Michelin....	1534
1475	Jean Jobard *.....	1490	1521	Nicolas Milliard * ,.	1563
1475	Nicolas Rouyer....	1495	1522	Jean Bonnevie....	1545
1475	Pierre de Roocourt	1487	1524	Claude Fagotin ...	1538
1481	Jean Blandin	1488	1528	Jean Fusclier.....	1539
1482	Guy Maillotte.....	1482	1529	Nicolas Raclot	1531
1483	Simon Beljean * ..	1486	1529	Denis Michault....	1438
1484	Bertrand Michault **	1520	1531	Nicolas Malingre * .	1545
1485	Jean d'Ausauvilliers	1500	1531	Simon de St-Blin ..	1531
1486	Jean Michelot * ...	1517	1532	Jean Guyart......	1556
1487	Simon Maignen....	1522	1532	Simon de Coiffy...	1533
1488	Hugues Martin....	1500	1533	Guillaume Guignard	1535
1488	Savin Cassart.....	1500	1535	Simon Raclot.....	1547
1489	Jean Seriotte *....	1540	1538	Robert Gousset **..	1562
1490	Jacques Guillaume.	1499	1538	Jacques Saigeot ** .	1557
1495	Claude Grathery...	1521	1539	Jean Brouel......	1564
1496	Jean Delereux	1500	1540	Claude Rosse	1546
1499	Simon Rouyer....	1499	1544	Laurent Berault...	1561
1499	Nicolas Beugnot...	1514	1545	Mathieu Michault (*)	
1499	Nicolas Bazoille...	1544		(**)...........	1592

1545	Nicole Legros ** ...	1567
1545	Claude Rose.......	1553
1546	Pierre Jobard.....	1552
1547	Pierre de Château-villain.........	1553
1548	Gérard de Monthe-rot **	1573
1552	Simon Beugnot....	1552
1552	Claude Guiot ** ...	1575
1553	Jean Rose........	1563
1553	Jean Boname.....	1559
1559	Pierre Fagotin (**)(*)	1592
1559	Jean Bruchier (**)(*)	1593
1561	Jean Monginot....	1573
1562	Nicole Brissejeon..	1590
(?)	Antoine Rose.....	(?)
1563	Adrian de Dijon...	1573
1564	Gérard Mongin....	1579
1566	Antoine Goise.....	1588
1567	Jean Garnier	1572
1572	Nicole Garnier....	1573
1573	Pierre de Brienne .	1573
1573	Pierre Haretel (**)(*)	1606
1573	Matthieu Jobard **.	1604
1573	Denis Martinot....	1594
1573	Henry Matherot...	1587
1575	Jean Fagotin......	1593
1559	Pierre Raulin (**) (*)	1615
1584	Jean d'Heuilly....	1585
1585	Nicole Defrittes ...	1599
1588	Jean Le Sain (**) (*)	1615
1590	Nicole Clivier (**) (*)	1630
1592	Pierre Hurel (**) (*)	1634
1592	George Charlot (**) (*)............	1654
1593	Claude Bourgoin..	1632
1593	Pierre Beaupoil **.	1642
1594	Bénigne Monginot.	1630
1597	Louis Goise.......	1619
1599	François Defrittes..	1621
1604	Amon Tabourin...	1637
1606	Antoine Fagotin **.	1643
1615	Matthieu Ladrange.	1635
1616	Jacques Gaulcher..	1641
1619	Gabriel Douaire...	1622
1621	Jean Maillard.....	1631
1622	François Savetier **	1648
1630	Alexandre Beaupoil **.............	1667
1630	François Gouthière	1645
1631	Jean-Baptiste Popi-net...........	1641
1632	François Fleury *..	1635
1634	Etienne Fagotin **.	1669
1635	Mathieu Boulet ...	1663
1637	Claude Fleury	1689
1637	Antoine Frémiot **.	1675
1641	François Goise....	1656
1642	Hugues Richer....	1648
1643	Étienne Berthier**.	1685
1645	Joachim Royer....	1652
1648	Jean Picard	1659
1648	Alexandre Gomard.	1656
1652	Nicolas Herluison .	1660
1654	François Simon (**) (*)............	1704
1656	Matthieu Viard....	1699
1656	Jean Michel	1697
1659	Nicolas Mailly.....	1672
1660	Claude Guion (**)(*)	1711

1663	Antoine Degrand **	1706
1667	Antoine Gaulcher..	1691
1669	George Lupien Mailly............	1670
1670	François Guillaume	1686
1672	Joseph Perrin.....	1693
1675	Nicolas Lequin....	1678
1679	Jean Mailly.......	1701
1685	François de Paule Guyot **.......	1745
1686	Simon Nicolin.....	1711
1689	Jean-Baptiste Crossard..........	1734
1691	Vincent Donjeux..	1692
1692	Pierre Garnier....	1704
1693	Antoine Delaistre de Riocourt.......	1721
1697	Jean-Baptiste Ducret...........	1717
1699	Hyacinthe Fournier	1707
1701	Jean-Baptiste Testevide *..........	1746
1704	Joseph-Etienne Fagotin..........	1734
1704	Joseph Degié.....	1742
1706	Jean-François Depons..........	1714
1708	Nicolas Simonot (**) (*)...........	1766
1708	Pierre Cheré......	1730
1711	Edme Denis **....	1749
1711	François Boullerot.	1731
1714	Jean-Baptiste Degié.	1741
1717	Alexandre Gaulcher	1744
1722	Antoine Geoffroy..	1741
1730	Claude Cosette **..	1759
1731	Pierre Capet......	1745
1734	Claude-Joseph Meilley (**) (*)......	1770
1735	Claude Chrestiennot...........	1750
1741	Henry Fagotin d'Outremont.......	1743
1742	Étienne Martin Defroideau.......	1781
1742	Bernard Masson...	1762
1743	Nicolas Graillet (**) (*)............	1784
1744	François Ruffey...	1753
1745	Louis André **....	1778
1745	Jean-Baptiste Graillet (**) (*)......	(?)
1746	Nicolas Masson....	1747
1747	Ambroise Duveau..	1754
1749	Claude-Joseph Legros **........	
1753	Joseph-Nicolas Cadié	
1754	Nicolas Babouot...	
1759	Étienne-Joseph Meilley..........	
1762	Pierre-François Sirjean..........	
1765	Edme Courtier....	1781
1766	Claude Legros....	
1770	Louis-George Henri	
1779	Nicolas-Jean-Baptiste Regnard.....	
1781	Jean-Baptiste Matthieu Boilletot..	
1781	Claude Bardel	

| 1784 François-Barbe Ma- | 1789 Jean-Baptiste Gom- |
| rie de la Porte.. | bert.. .... |

En somme, le Chapitre de Chaumont, de 1475 à 1789, a
compté 173 chanoines, et 191, y compris les 18 doyens ; il a eu
27 trésoriers et 40 chantres. De 1212 à 1475, nous connaissons
17 curés.

(N° 6). *Extrait du Calendrier du missel imprimé en 1517.*

Pocula janus amat; Februarius algeo clamat.
Martius arva fodit ; Aprilis florida prodit.
Ros et flos nemorum Maio sunt fomes amorum.
Dat Junius fena ; Julio resecatur avena.
Augustus spicas, september colligit uvas.
Seminat October, spoliat virgulta November.
Querit habere cibum porcum mactando December.
  In Jano claris calidisque cibis potiaris;
Atque decens potus post fercula sit tibi notus.
Ledit enim medo tunc potatus ut bene credo.
Balnea tutus intres et venam findere cures.
  Tunc cave frigora ; de pollice funde cruorem ;
Sugge mellis favum, pectoris morbos qui curabit.
Nascitur occulta febris februario multa ,
Potibus et escis si caute minuere velis.
  Martius humores gignit variosque dolores
Sume cibum pure cocturas si placet ure.
Balnea sunt sana : sed que superflua vana.
Vena nec abdenda, nec potio sit tribuenda.
  Hic probat in vere vires aprilis habere.
Cuncta renascuntur, pori tunc aperiuntur.
In quo scalpescit corpus, sanguis quoque crescit.
Ergo solvatur venter, cruorque minuatur.
  Maio secure laxari sint tibi cure.
Scindatur vena, sed balnea dentur amena.

Cum calidis rebus sint fercula, seu speciebus
Potibus astricta sit salvia cum benedicta.

In junio gentes perturbat medo bibentes;
Atque novellarum fuge potus cervisiarum.
Ne noceat colera, valet hæc refectio vera.
Lactuce frondes ede, jejunus bibe fontes.

Qui vult solamen julio hoc probat medicamen :
Venam non scindat, nec venam potio ledat.
Somnum compescat, et balnea cuncta pavescat.
Prodest recens unda, allium cum salvia munda.

Quisquis sub Augusto vivat medicamine justo.
Raro dormitet ; estum, coitum quoque vitet.
Balnea non curet, nec multum comestio duret.
Nemo laxari debet vel fleubothomari.

Fructus maturi septembris sunt valituri ;
Et pira cum vino, panis cum lacte caprino.
Aqua de urtica tibi potio fertur amica.
Tunc venam pandas, species cum semine mandas.

October vina prebet cum carne ferina.
Nec non avicina caro valet et volucrina :
Quamvis sint sana tamen est repletio vana.
Quantumvis comede, sed non precordia lede.

Hoc tibi scire datur quod reuma novembri curatur.
Queque nociva vita ; tua sint preciosa dicta.
Balnea cum venere tunc nullum constat habere.
Potio sit sana atque minutio bona.

Sane sunt membris res calide mense decembris.
Frigus vitetur, capitalis vena scindatur.
Lotio sit vana, sed vasis potatio cara.
Sit tepidus potus frigore contrarie totus.

FIN.

www.ingramcontent.com/pod-product-compliance
Lightning Source LLC
Chambersburg PA
CBHW061341060726
47597CB00003B/672